少年儿童成长百科 KEXUE WANXIANG

科学万象

张 哲◎编著

中国出版集团 现代出版社

图书在版编目（CIP）数据

科学万象 / 张哲编著. —北京：现代出版社，2013.1
（少年儿童成长百科）
ISBN 978-7-5143-1086-3

Ⅰ. ①科… Ⅱ. ①张… Ⅲ. ①科学知识—少儿读物
Ⅳ. ①Z228.1

中国版本图书馆 CIP 数据核字（2012）第 293061 号

作　　者	张　哲	
责任编辑	袁　涛	
出版发行	现代出版社	
地　　址	北京市安定门外安华里 504 号	
邮政编码	100011	
电　　话	(010) 64267325	
传　　真	(010) 64245264	
电子邮箱	xiandai@cnpitc.com.cn	
网　　址	www.modernpress.com.cn	
印　　刷	汇昌印刷（天津）有限公司	
开　　本	700×1000　1/16	
印　　张	10	
版　　次	2013 年 1 月第 1 版　2021 年 3 月第 3 次印刷	
书　　号	ISBN 978-7-5143-1086-3	
定　　价	29.80 元	

前言
QIANYAN

从懂事的那天起，孩子们的脑子里就产生了许多疑问与好奇。宇宙有多大？地球是从哪里来的？人是怎么来到这个世界上的？船为什么能在水上行走？海洋里的动物是什么样的？还有没有活着的恐龙？动物们是怎样生活的？植物又怎么吃饭？

只靠课本上的知识，已经远远不能满足孩子们对大千世界的好奇心。现在，我们将这套"少年儿童成长百科"丛书奉献给大家，包括《宇宙奇观》《地球家园》《人体趣谈》《交通工具》《海洋精灵》《恐龙家族》《动物乐园》《植物天地》《科学万象》《武器大全》十本。本丛书以殷实有趣的知识和生动活泼的语言，解答了孩子们在日常生活中的种种疑问，引导读者在轻松愉快的阅读中渐渐步入浩瀚的知识海洋。

目录
MULU

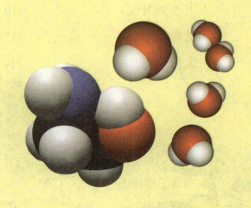

奇妙的科学

科学是发现新事物的知识体系，能帮助我们认识自然
并解释自然现象。科学分为许多门类，例如天文
学、地理学、生物学、医学和物理学等。

观察

科学是从观察开始的，现在我们知道的许多现象也都是在许多
人观察研究后发现的，每个爱观察的人都可能成为科学家。

实验

科学的前提是提出问题，然后通
过各种实验来研究，证实判断的真实
性。实验室是进行科学研究工作的场
所，里面有各种各样的实验仪器。

小档案

自然世界里许多
有趣的现象，只有用科
学的办法去解释它，才
能构成科学。

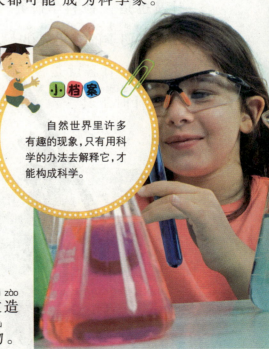

新发明

每一种新的发明都是认识自然、改造
自然的结果，也是人类认识科学的产物。

测量和计时

<ruby>科<rt></rt></ruby>学离不开实验，而在实验的过程中会涉及许多标准，例如，时间和温度就是科学研究中重要的数据。钟表是人们常用的计时工具，而温度计是用来测量温度的。

计量

计量也是一种科学研究。计时的形成经历了漫长的过程，古代人通过观察四季的变化规律，制定了历法。日晷就是古代的一种计时工具。

小档案

对于科学研究来说，数据收集显得十分重要，而数值就是确立实验结果的依据。

← 日晷

温度的影响

zì rán jiè li de xǔ duō wù zhì　dōu shì shòuwēn dù biàn huà ér
自然界里的许多物质，都是受温度变化而
biàn huà de　lì rú shuǐ zài　　yǐ xià huì jié bīng　suǒ yǐ　zài jìn
变化的，例如水在 0℃ 以下会结冰。所以，在进
xíng kē xué shí yàn shí　wēn dù shì zhòngyào de yīn sù　qì tǐ shòuwēn
行科学实验时，温度是重要的因素，气体受温
dù de yǐngxiǎngjiào dà
度的影响较大。

沙漏

shā lòu shì zhōngguó gǔ dài de yì zhǒng jì shí yí qì　　tā shì yǐ
沙漏是中国古代的一种计时仪器，它是以
shā lì cóng yí gè róng qì lòu dào lìng yí gè róng qì de shùliàng lái　jì shí de
沙粒从一个容器漏到另一个容器的数量来计时的。

▲ 温度计

▼ 尺子又称尺、间尺，是用来画线段、量度长度的工具。通常以
塑胶或铁、不锈钢、硬纸、木、皮等制造。

◀ 沙漏

长度测量

chǐ zi shì cháng dù cè liáng de gōng jù　tā shàngmiànyǒu hǎo duō kè dù　mǐ shì guó jì tōngyòng de
尺子是长度测量的工具，它上面有好多刻度，米是国际通用的
cháng dù jì liàngdān wèi
长度计量单位。

什么是力

在 日常生活中，我们能处处感到力的存在，当我们握笔写字时，我们能感到手对笔施加了力；我们走路时能感到脚对地面施加了力；当风吹动我们衣襟的时候，我们能感到风对衣服施加了力。

力的测量

力不但有大小，还有方向。当两个大小相等、方向相反的力作用于同一物体时，这个物体实际所受的合力就是零，力的大小能用弹簧秤测量出来。

在太空飞行中你只要轻轻一点脚，就会腾空而起，在空中自由地飞来飞去，这是因为失去了重力的缘故。

小档案

当一个物体受到好几个力的作用时，产生的作用相当于一个力的效果，这个力就叫作这几个力的合力。

力的单位

yīng guó zhù míng kē xué jiā niú dùn céng jīng zài lì xué
英国著名科学家牛顿曾经在力学
lǐng yù zhōng zuò chū le jù dà de gòng xiàn wèi le jì niàn
领域中做出了巨大的贡献。为了纪念
tā hòu lái rén men jiù jiāng lì de dān wèi yǐ niú dùn de
他，后来人们就将力的单位以牛顿的
míng zi lái mìng míng
名字来命名。

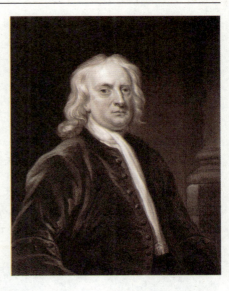

→ 牛顿是英国著名物理学家、数学家、天文学家和自然哲
学家。他在1687年发表的论文《自然哲学的数学原理》里，
对万有引力和力学三大运动定律进行了描述。

力的分类

lì yǒu xǔ duō zhǒng fēn lèi fāng shì rú guǒ àn zhào tā de xìng zhì fēn kě yǐ fēn wéi zhòng lì
力有许多种分类方式，如果按照它的性质分，可以分为重力、
mó cā lì tán lì diàn cháng lì cí chǎng lì fēn zǐ lì děng àn zhào lì de xiào guǒ lái fēn de
摩擦力、弹力、电场力、磁场力、分子力等。按照力的效果来分的
huà yòu kě yǐ fēn wéi yǐn lì chì lì yā lì fú lì dòng lì zǔ lì lā lì děng
话，又可以分为引力、斥力、压力、浮力、动力、阻力、拉力等。

↑ 造桥的时候要保持力的平衡。

摩擦力

我们搬运物体的时候，物体能和手保持一致，是因为它们之间存在摩擦力的作用。摩擦力的大小跟物体本身的重量和相互接触面的粗糙程度有关。

粗糙的路面摩擦力大。

小档案

早在原始社会，人们就懂得了钻木取火，利用的就是摩擦力。

摩擦力

当你骑自行车时，遇见光滑的路面，摩擦力就显得小，所以就会感觉轻松。可是，要是遇见粗糙的路面，就需要费好大的劲。

↑ 给轴承上灌注机油就是为了减少机器部件之间的摩擦力。

📞 麻烦的摩擦力

mó cā lì gěi rén men dài lái hěn duō fāngbiàn yě dài lái
摩擦力给人们带来很多方便，也带来

le bù shǎo má fan lì rú jī qì zài kāi dòng shí huádòng de
了不少麻烦。例如机器在开动时，滑动的

bù jiàn zhī jiān yīn mó cā ér làng fèi dòng lì hái huì shǐ jī qì
部件之间因摩擦而浪费动力，还会使机器

de bù jiàn mó sǔn suō duǎnshòumìng xié zi mó pò zì xíng
的部件磨损，缩短寿命。鞋子磨破，自行

chē lún tāi de huā wén bèi mó píng yě dōu shì yīn wèi chǎnshēng
车轮胎的花纹被磨平，也都是因为产生

le mó cā lì de yuán gù
了摩擦力的缘故。

📞 汽车与空气摩擦

dāng yí jiàn wù tǐ yùn dòng shí huì yǔ qí zhōu wéi de kōng qì xíngchéngxiāng duì yùn dòng chǎnshēng mó
当一件物体运动时，会与其周围的空气形成相对运动，产生摩

cā xiàn dài qì chē zhùzhòngchē xíng shè jì zhè bù jǐn shì wèi le měiguān gèngzhòngyào de shì jiǎnshǎo
擦。现代汽车注重车型设计，这不仅是为了美观，更重要的是减少

kōng qì de mó cā
空气的摩擦。

↑ "新干线"车辆的"子弹头"形状，有助于减少与空气间的摩擦力。

什么是重力

由于地球的吸引而使物体受到的力，叫作重力，重力的方向是竖直向下的。比如，你在拍皮球时，皮球因为受到地球的引力，会不断地向地面下落。

苹果落地的启示

有一次，牛顿坐在果园里，忽然听到"咚"的一声，一个苹果落到了草地上。为什么苹果会落到草地上？这引发了他极大的好奇心。后来，牛顿通过大量研究，认为地球上存在着重力，正是在重力作用下，苹果才会落地。

◂ 苹果树下的牛顿

无处不在的重力

重力是自然界普遍存在的吸引力，它不但适用于硕大的天体之间，也适用于各种体积的物体之间。雨滴降落和行星沿着轨道围绕太阳运行都是重力作用的结果。

重心

měi gè wù tǐ dōu huì shòu dào zhòng lì de
每个物体都会受到重力的
zuò yòng zhòng lì zuò yòng de diǎn jiào zuò zhòng xīn
作用，重力作用的点叫作重心。
rú guǒ zhòng lì xiàn tōng guò zhòng xīn wù tǐ jiù
如果重力线通过重心，物体就
chǔ yú píng héng zhuàng tài wù tǐ zhòng xīn yuè kào
处于平衡状态。物体重心越靠
jìn dì miàn wù tǐ yuè róng yì bǎo chí zì shēn de
近地面，物体越容易保持自身的
píng héng
平衡。

→ 舞蹈演员的重心落在一只脚上，使身体保持
平衡。

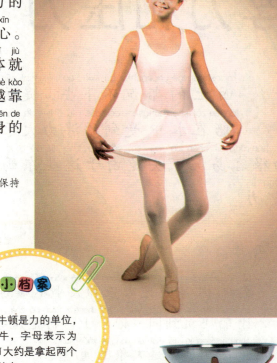

电子秤

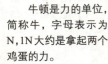

小档案

牛顿是力的单位，
简称牛，字母表示为
N，1N大约是拿起两个
鸡蛋的力。

→ 测定物体重量的衡器。常见的有电子秤、杆
秤、台秤等。

重力的大小

dì miàn shàng tóng yì diǎn chù wù tǐ shòu dào zhòng lì de dà xiǎo gēn wù tǐ
地面上同一点处物体受到重力的大小跟物体
de zhì liàng chéng zhèng bǐ zhì liàng yuè dà zhòng lì yě yuè dà tōng cháng zài
的质量成正比，质量越大，重力也越大。通常在
dì qiú biǎo miàn qiān kè de wù tǐ shòu dào de zhòng lì shì niú
地球表面，1千克的物体受到的重力是9.8牛。

浮力和压力

水面上的船沉不下去，是因为浮力的作用，因为轮船在水中受到的浮力大于它本身的重力。有的东西很容易沉下去是由于这些东西所受的浮力小于自身的重力。

曹冲称象

曹冲称象是把大象和大小不等的石块分两次装在同一条船上，让船下沉到同一记号上。再把这些石块用秤称量出来，所有石块重量相加就是大象的重量。

沙滩上的脚印就是由于压力的作用产生的。

◄ 受到浮力作用的船

大气压

yóu yú dì qiú zhōu wéi yǒu dà qì   dà qì
由于地球周围有大气，大气
běn shēn de zhòng liàng jiù chǎn shēng le dà qì yā
本身的重量就产生了大气压。
rú guǒ chǔ zài méi yǒu kōng qì de huán jìng zhōng   wǒ
如果处在没有空气的环境中，我
men de xuè guǎn dōu kě néng huì bào zhà
们的血管都可能会爆炸。

→ 我们周围的大气

小档案

死海中因为含有
大量的盐，浮力很大，
所以去那里游泳的人
不会沉入水底。

压力

qì chē zài lù miàn shang xíng shǐ   huì gěi lù miàn yí gè lì
汽车在路面上行驶，会给路面一个力，
zhè ge lì jiù shì yā lì   zhè ge lì de dà xiǎo zhèng hǎo děng yú qì
这个力就是压力，这个力的大小正好等于汽
chē zì shēn de zhòng lì
车自身的重力。

↑ 汽车给路面的压力等于自身的重力。

物体的运动

万wù dōu shì chǔ yú yùn dòng zhōng　méi yǒu jué duì bú dòng de wù tǐ　sù dù jiù
物都是处于运动中，没有绝对不动的物体，速度就

shì biǎo shì wù tǐ yùn dòng kuài màn de wù lǐ liàng　wǒ men kě yǐ yòng sù dù lái
是表示物体运动快慢的物理量。我们可以用速度来

héng liáng wù tǐ de yùn dòng zhuàng tài　dì qiú shang jìng zhǐ de wù tǐ shì xiāng duì yú dì
衡量物体的运动状态。地球上静止的物体是相对于地

qiú běn shēn lái shuō de
球本身来说的。

力与物体的状态

zì rán shì jiè de rèn hé wù tǐ dōu chéng shòu zhe lì　suǒ yǐ yǒu de yùn dòng zhe　yǒu de jìng zhǐ
自然世界的任何物体都承受着力，所以有的运动着，有的静止

zhe　lì néng gǎi biàn wù tǐ de zhuàng tài　ràng yùn dòng de wù tǐ jìng zhǐ xià lái　huò ràng jìng zhǐ de wù
着。力能改变物体的状态，让运动的物体静止下来，或让静止的物

tǐ yùn dòng qǐ lái
体运动起来。

相对于人来说，车身是静止的；但相对于地面来说，车身就是运动的。

参照物

zài yán jiū wù tǐ de yùn dòng shí　　tōng cháng huì xuǎn zé yì xiē cān zhào wù　　rú guǒ méi yǒu cān zhào
在研究物体的运动时，通常会选择一些参照物。如果没有参照
wù　　yán jiū wù tǐ de yùn dòng jiù méi yǒu rèn hé jià zhí le　　yǒu le cān zhào wù　　cái néng pàn duàn wù tǐ
物，研究物体的运动就没有任何价值了；有了参照物，才能判断物体
de yùn dòng hé jìng zhǐ
的运动和静止。

小档案

真空中的光速是宇宙中最快的速度，大约为30万千米/秒。

▲ 行驶的汽车相对于路面是运动的。

惯性

gāo sù yùn dòng de qì chē zài shā
高速运动的汽车在刹
chē shí bù néng mǎ shàng tíng xià　　ér shì
车时不能马上停下，而是
yào huá chū yí duàn jù lí cái néng tíng chē
要滑出一段距离才能停车，
zhè shì yóu chē de guàn xìng zào chéng de
这是由车的惯性造成的。
guàn xìng shì wù tǐ jù yǒu bǎo chí yuán lái
惯性是物体具有保持原来
yùn dòng zhuàng tài de yì zhǒng xìng zhì
运动状态的一种性质。

▲ 突然刹车时，人的身体会不由自主地向前倾，这是由于惯性的作用。

热的奥秘

今天天气很热，但是到底有多热，如果没有温度计，这就很难回答了。我们可以找到两个固定的温度点，一个是冰融化时的温度，另一个是纯水沸腾时的温度。人们虽然看不见这种"热"，但是却能感觉到它的存在。

火山喷发产生大量的热。

热的科学定义

现代科学认为热是由物体内部分子运动而造成的物理现象，每个物体都因为它内部分子在不停地运动而产生热量。

热的本质

1745年，罗蒙诺索夫在科学大会上宣读了他的论文《论冷和热的原因》，他认为，冷和热的根本原因在于物质内部的运动，热是物质运动的一种表现。

膨胀的原理

物体加热后，它吸收的能量使分子运动速度加快，范围扩大，所以占据了更多的空间。温度变化足够大时，物质会从一种 状态转变为另一种状态。固体在足够温度下熔化变成液体，液体在一定温度下又会沸腾，变成气体。

小档案

水在 0℃时结成冰，就会失去流动性，不再是液体。所以0℃有"水的冰点"之称。

➡ 人在运动的时候，身体里的分子运动加剧，使人体温升高而感觉到热。

温度

物体的温度反映了物体内部分子运动平均动能的大小。分子运动愈快，物体愈热，即温度愈高；分子运动愈慢，物体愈冷，即温度愈低。当以数值表示温度时，即称之为温度度数。

➡ 我们日常生活中离不开热源，太阳是地球最大的热源，也是我们生存的基础。

热源

如果一个物体的温度比周围环境高，并向周围环境中释放热量，那么它就是一个热源，比如火堆就是一个热源，它能辐射热量。

热的传播

你靠近火焰，热就从周围进入你的身体。当你走入冷库，你体内的热就会跑到周围的冷空气中。热总是这样由热的物体向冷的物体传递，或者从物体中热的部分传递到冷的部分，这就是热传递。

什么是热传递

物质系统间的能量转移过程，叫作"热传递"。热只能从温度高的物体向温度低的物体传递。在其他条件都相同的情况下，两个物体温度相差越大，热传递的速度也越快，当冷热程度不同的物体互相接触时，热传递要进行到它们的温度相同时才会停止，即达到热平衡。

太阳的热通过辐射方式传递给我们。

小档案

苏格兰科学家詹姆士·杜瓦于1892年发明了最早的保温瓶。

16

对流

húshuǐ de mì dù suí zhe wēn dù biàn huà ér biàn huà　dāngshuǐ de wēn dù jiàng dī shí　shuǐ de mì dù
湖水的密度随着温度变化而变化，当水的温度降低时，水的密度
biàn dà　dāngshuǐ de wēn dù shēnggāo shí　mì dù biàn xiǎo　zhè yàng de mì dù biàn huà shǐ de shuǐzhōngxíng
变大，当水的温度升高时，密度变小。这样的密度变化使得水中形
chéng mì dù chà jù ér dǎo zhì duì liú chǎnshēng　qì tǐ yě huì chū xiàn duì liú
成密度差距而导致对流产生，气体也会出现对流。

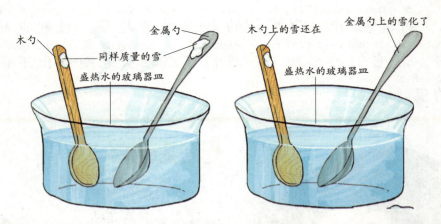

木勺　　　金属勺　　木勺上的雪还在　　金属勺上的雪化了
同样质量的雪
盛热水的玻璃器皿
盛热水的玻璃器皿

不同物体的传热本领不一样。金属的传热本领好，而木头的传热本领差，所以金属上的雪比木头上的雪化得快。

热辐射

rè fú shè shì zhǐ shòu rè wù tǐ yǐ diàn
热辐射是指受热物体以电
cí fú shè de xíng shì xiàngwài jiè fā shèchuánsòng
磁辐射的形式向外界发射传送
néng liàng de guò chéng　wù tǐ wēn dù yuè gāo
能量的过程。物体温度越高，
fú shè yuèqiáng　yǔ rè chuándǎo　duì liú bù
辐射越强。与热传导、对流不
tóng　rè fú shènéng shǐ rè yǐ guāng de sù dù
同，热辐射能使热以光的速度
cóng yí gè wù tǐ chuándào lìng yí gè wù tǐ
从一个物体传到另一个物体。

太阳光

如何衡量热度

第 一支温度计诞生至今已有四百多年了，在这漫长的过程中，温度计的种类越来越多，性能也越来越好。在它们的帮助下，我们可以轻松地测量出不同物体的温度。

← 体温计

测量仪器

我们最常见的温度测量仪器是温度计，家里挂的温度计是用来测量室内温度的，而医院里用的体温计是用来测量病人体温的。

→ 温度计

☎ 电子温度计

现在，飞机场和火车站等人流
密集的地方都使用了电子温度计。人
们只要从电子温度计下走过，它就会
自动显示出人体的温度，这样可以及
时发现发热人群，减少公共场所疾
病的传播。

▲ 电子温度计比普通的水银温度计易于保存，测量结果也更准确。

小档案

1593 年，伽利略发明了世界上最早的温度计。

▲ 伽利略温度计

☎ 摄氏温度

热力学温度可以用摄氏温
度来表示，也可以用开尔文温
度来表示。我们使用较多的是
摄氏温度，它的单位为摄氏度，
用符号"℃"表示。

☎ 体温计

体温计也叫医用温度计，它
是用来测量体温的主要工具。人
体温度的变化一般在35℃～42℃
之间，所以体温计的刻度通常
为35℃～42℃。

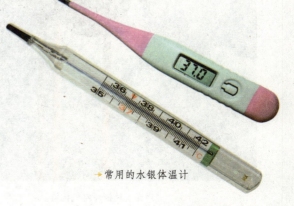

▲ 常用的水银体温计

重要的声音

声音是什么？我们说话时，由于声带的振动会发出声音，紧接着空气分子会振动形成声波，声波通过空气或其他物质进行传播，最后进入我们的耳朵。

波

波是一种振动，通过振动可以把能量由一个地方传到另一个地方。波是有方向的，分为横波和纵波。声波是一种纵波。

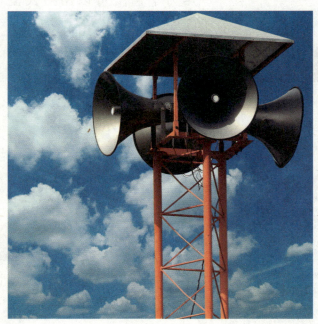

↑ 声音通过振动空气传播。

声音的传播

声音可以通过振动空气带动其他物体振动来传播。振动着的鼓面不断振动周围的空气，空气分子不断振动并向周围散播。当振动的空气敲击我们的耳膜的时候，我们的耳膜也开始振动，这样我们就可以听到鼓的声音了。

声音的速度

声音在空气中大约每秒钟走340米，而在水中的传播速度是每秒钟1 500米。假如媒质是钢，它的传播速度会达到每秒钟5 000米。

➤ 协和式超音速喷射客机

回声

有时我们站在山上高呼，会听到回声，这是因为声音在传播过程中遇到山这样的障碍，会反弹回来再次被我们听到。当两种声音传到我们的耳朵里时差小于0.1秒时，我们就区分不开了。

➤ 山谷中说话能听到回声。

小档案

月球是个寂静的世界，那里没有空气，所以在月球上人说话彼此是听不到的。

激波

如果声波能赶上飞机，那么声波就会突然形成一种发出轰鸣的激波。在马戏团演员抽动鞭子的时候，鞭子的尖端移动速度超过音速的时候也会产生"噼啪"声，这就是激波。

噪音与乐音

我们的生活中到处都能听到各种音乐，同时，音乐也在我们的周围变化着，扮演着不同的角色，那音乐是什么呢？音乐是乐器有规律的振动所发出的声音。

音乐的基础

乐音是构成音乐的基础，但并非全部。让一个不会弹琴的人坐在钢琴前演奏，他敲出来的都是乐音，可这些乐音却杂乱无章，一点也不动听。而当音乐家经过艺术构思把各种乐音组织起来，使之变得和谐、动听、有节奏时，音乐就出现了。

▲ 优美动听的乐曲

乐音的功能

优美动听的乐曲、舒展流畅的旋律，能使人摆脱烦恼、开阔心胸、消除疲劳。乐音作用于大脑能激发和调节神经细胞的功能，促进人体分泌有益于健康的激素，改善血液循环，增强新陈代谢，延缓衰老。

小档案

音乐是古老的艺术，是所有艺术类型中最为抽象的，它能让人在聆听中享受到美。

🔶 噪音会使人焦虑烦躁。

令人烦躁的声音

噪音就是令人烦躁的声音或非常强烈的声音。人们长期在噪音环境中生活，听力会受到损害，还会精神紧张；严重的话，还会毙命。因此，人们在生活中应该注意改善自己的环境，避免噪音对身体造成的伤害。

噪音的危害

噪音对人体最直接的危害是听力损伤。人们在进入强噪声环境时，暴露一段时间，会感到双耳难受，甚至会出现头痛等感觉。如果长期在强噪声环境下工作，听觉疲劳不能得到及时恢复，内耳器官就会发生器质性病变，导致噪声性耳聋。

🔶 噪音会打扰人们休息。

利用声音

声音是与人类生活紧密相连的一种自然现象。当声的频率高到超过人耳听觉的频率极限时，人们就觉察不出声的存在，称这种高频率的声波为超声波。频率高于 20 000Hz 的声波就是超声波。

频率

波每秒振动的次数就是频率。高音就是波的频率高、波长短的声波。对人类来说，只有频率在 20~20 000Hz 间的声波才能听见。

蝙蝠

回声定位

蝙蝠在飞行时，喉部能产生超声波，并通过口腔发射出来。超声波在遇到障碍物时，会被反射回来，蝙蝠用耳朵接收，并判断出目标距离它有多远。

唱片

shēng yīn yǐ luó xuán xì cáo de xíng shì bèi qiē jìn sù liào yuán
声音以螺旋细槽的形式被切进塑料圆
pán li zhè jiù chéng le yì zhāng chàng piàn bō fàng chàng piàn shí
盘里，这就成了一张唱片。播放唱片时，
dài yǒu tè bié kāi tóu de jiān chàng zhēn kě yǐ chā rù chàng piàn de xì
带有特别开头的尖唱针可以插入唱片的细
cáo zhōng chàng piàn xuán zhuǎn hòu   xì cáo de xíng zhuàng shǐ chàng zhēn
槽中，唱片旋转后，细槽的形状使唱针
zhèn dòng   jiāng zhèn dòng yóu liǎng tiáo diàn cí tiě zhuǎn chéng diàn liú
振动，将振动由两条电磁铁转成电流，
bìng shū chū dào yáng shēng qì zhōng   zhè yàng rén men jiù néng tīng dào měi
并输出到扬声器中，这样人们就能听到美
miào de yīn yuè le
妙的音乐了。

激光唱片

超声波检查

chāo shēng bō fā shè dào rén tǐ nèi yù dào jiè miàn shí huì fā shēng fǎn shè jí zhé shè   bìng qiě zài rén
超声波发射到人体内遇到界面时会发生反射及折射，并且在人
tǐ zǔ zhī zhōng kě néng bèi xī shōu ér shuāi jiǎn   yīn wèi rén tǐ gè zhǒng zǔ zhī de xíng tài yǔ jié gòu shì bù
体组织中可能被吸收而衰减。因为人体各种组织的形态与结构是不
xiāng tóng de   yīn cǐ qí fǎn shè yǔ zhé shè yǐ jí xī shōu chāo shēng bō de chéng dù yě jiù bù tóng yī shēng
相同的，因此其反射与折射以及吸收超声波的程度也就不同，医生
men zhèng shì tōng guò yí qì suǒ fǎn yìng chū de bō xíng   qū xiàn   lái zhěn duàn suǒ jiǎn chá de qì guān shì fǒu
们正是通过仪器所反映出的波形、曲线，来诊断所检查的器官是否
yǒu bìng
有病。

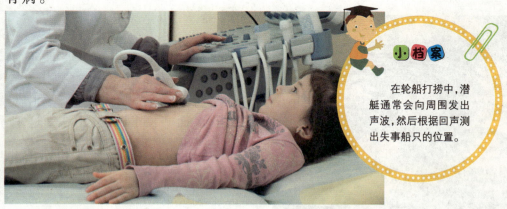

小档案

在轮船打捞中，潜
艇通常会向周围发出
声波，然后根据回声测
出失事船只的位置。

平时我们说的 B 超就是向人体发射超声波，同时反射波会将所携带人体脏器的
信息反映在屏幕上。

声波的世界

声波的传递过程就像是相邻空气粒子之间的接力赛，这些空气粒子把波动形式向前传递，而它们自己仍旧在原地振荡。声波在传播过程中，若碰到大的反射面，便会发生反射，所以我们可以听到回声。

什么是声波

声源体发生振动会引起四周空气振荡，这种振荡方式就是声波，声音是以波的形式来传播的。除了空气，水、金属和木头等都能传递声波，在真空状态中声波就不能传播了。

水也是传递声波的介质之一。

横波

波分为横波和纵波。水面上漂浮的树叶会随着水上下振动，而水波则沿水面一圈圈扩散出去，这种传播方向和振动方向互相垂直的波，叫作"横波"，水波、光波、无线电波都属于横波。

纵波

jiāng tán huáng yì duān gù dìng zài qiáng shang
将弹簧一端固定在墙上，
yòng shǒu qīng qīng tuī lā lìng yì duān　tán huáng de
用手轻轻推拉另一端，弹簧的
bō dòng chuán bō fāng xiàng hé zhèn dòng fāng xiàng shì
波动传播方向和振动方向是
yí zhì de　zhè jiù shì zòng bō　hé tán huáng
一致的，这就是纵波。和弹簧
yí yàng　shēng bō shì kōng qì fēn zǐ qián hòu zhèn
一样，声波是空气分子前后振
dòng xíng chéng de　yǒu shū yǒu mì　suǒ yǐ shēng
动形成的，有疏有密，所以声
bō shì zòng bō
波是纵波。

↑ 横波

↑ 纵波

小档案

柔软的物体表面
会吸收声能，一些建筑
设计故意将墙面做得
凹凸不平，正是为了消
除声音。

扩音

shùn fēng shuō huà　shēng yīn huì chuán de gèng
顺风说话，声音会传得更
yuǎn　zhè shì shēng yīn de zēng qiáng　rú guǒ xiǎng
远，这是声音的增强。如果想
bǎ hěn xiǎo de shēng yīn kuò dà　zuì gǔ lǎo de fāng
把很小的声音扩大，最古老的方
fǎ jiù shì yòng shǒu zuò chéng lǎ ba zhuàng　yòng lái
法就是用手做成喇叭状，用来
yuē shù shēng yīn de fāng xiàng　yǒu le xiàn dài de diàn
约束声音的方向。有了现代的电
zǐ shè bèi　kuò yīn kě yǐ tōng guò jiāng shēng yīn
子设备，扩音可以通过将声音
zhuǎn huà wéi diàn xìn hào fàng dà ér qīng sōng de shí xiàn
转化为电信号放大而轻松地实现。

→ 没有扩音器，我们
唱歌就需要很大声。

共振的力量

共振是自然界普遍存在的现象，你相信吗？它的力量足以摧毁高大的建筑物。为什么它会具有这样强大的力量？让我们一起去看看共振都有哪些奥秘吧！

什么是共振

每一个物体都有自己特有的振动频率，如果外界对它施加的驱动力的频率刚好和它本身的频率相同，那么此时物体的振幅会达到最大值，这种现象就叫作共振。

在生活中，共振是随处可见的。

小档案

人的大脑进行思维活动时产生的脑电波也会发生共振现象。

毁于共振的桥

1906 年的一天，一支沙皇俄国的军队迈着整齐的步伐通过一座大桥时，桥身突然断裂。事后调查表明，这个事故是由于军队通过该桥时，受过优良训练的军队的整齐步伐使桥发生共振而导致的。

自然界中的共振现象

自然界中许多地方都有共振现象，比如，乐器的音响共振，卫星之间的轨道共振等。地震时，建筑物的倒塌也是由共振引起的。

地震中倒塌的房子

共鸣

共振在声学中被称为"共鸣"，指的是物体因共振而发声的现象。比如，两个频率相同的音叉靠近，其中一个振动发声时，另一个也会发声。

正在用耳机听音乐的孩子。耳机发声其实也是共振原理。

29

探索磁的秘密

指南针老是指着南方，是因为地磁的缘故。地球是个大磁体，指南针上的小指针因为受地球大磁铁的吸引，所以总是指着南北方向。磁是一种自然现象。

北极和南极

一块磁体总是分为两端，分别是南极和北极。如果是两个相同的磁极靠近，就会互相排斥；相反，两个不同的磁极靠近，就会互相吸引。

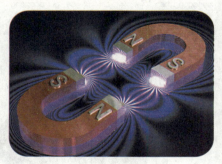

磁体的南北极

磁石

磁石是一种具有磁性的矿物质，它的主要成分是 Fe_3O_4。一般状况下其磁性可以长期保持，但打击和加热会使磁性消失。现代科学认为磁石的性质来源于它的分子内电子的运动。

司南在地磁场作用下能保持在磁子午线的切线方向上。

磁场

<ruby>磁<rt>cí</rt></ruby><ruby>体<rt>tǐ</rt></ruby><ruby>周<rt>zhōu</rt></ruby><ruby>围<rt>wéi</rt></ruby><ruby>存<rt>cún</rt></ruby><ruby>在<rt>zài</rt></ruby><ruby>一<rt>yì</rt></ruby><ruby>种<rt>zhǒng</rt></ruby><ruby>特<rt>tè</rt></ruby><ruby>殊<rt>shū</rt></ruby><ruby>的<rt>de</rt></ruby><ruby>物<rt>wù</rt></ruby><ruby>质<rt>zhì</rt></ruby>，<ruby>它<rt>tā</rt></ruby><ruby>能<rt>néng</rt></ruby><ruby>对<rt>duì</rt></ruby><ruby>处<rt>chǔ</rt></ruby><ruby>于<rt>yú</rt></ruby><ruby>其<rt>qí</rt></ruby><ruby>中<rt>zhōng</rt></ruby><ruby>的<rt>de</rt></ruby><ruby>磁<rt>cí</rt></ruby><ruby>体<rt>tǐ</rt></ruby>、<ruby>电<rt>diàn</rt></ruby><ruby>流<rt>liú</rt></ruby>、<ruby>运<rt>yùn</rt></ruby><ruby>动<rt>dòng</rt></ruby><ruby>电<rt>diàn</rt></ruby><ruby>荷<rt>hè</rt></ruby><ruby>产<rt>chǎn</rt></ruby><ruby>生<rt>shēng</rt></ruby><ruby>有<rt>yǒu</rt></ruby><ruby>力<rt>lì</rt></ruby><ruby>的<rt>de</rt></ruby><ruby>作<rt>zuò</rt></ruby><ruby>用<rt>yòng</rt></ruby>。<ruby>物<rt>wù</rt></ruby><ruby>体<rt>tǐ</rt></ruby><ruby>的<rt>de</rt></ruby><ruby>磁<rt>cí</rt></ruby><ruby>性<rt>xìng</rt></ruby><ruby>越<rt>yuè</rt></ruby><ruby>强<rt>qiáng</rt></ruby>，<ruby>磁<rt>cí</rt></ruby><ruby>场<rt>chǎng</rt></ruby><ruby>就<rt>jiù</rt></ruby><ruby>越<rt>yuè</rt></ruby><ruby>大<rt>dà</rt></ruby>。

磁体周围散发出磁场。

磁力线

<ruby>磁<rt>cí</rt></ruby><ruby>力<rt>lì</rt></ruby><ruby>线<rt>xiàn</rt></ruby><ruby>是<rt>shì</rt></ruby><ruby>用<rt>yòng</rt></ruby><ruby>来<rt>lái</rt></ruby><ruby>描<rt>miáo</rt></ruby><ruby>述<rt>shù</rt></ruby><ruby>磁<rt>cí</rt></ruby><ruby>场<rt>chǎng</rt></ruby><ruby>作<rt>zuò</rt></ruby><ruby>用<rt>yòng</rt></ruby><ruby>力<rt>lì</rt></ruby><ruby>大<rt>dà</rt></ruby><ruby>小<rt>xiǎo</rt></ruby><ruby>和<rt>hé</rt></ruby><ruby>方<rt>fāng</rt></ruby><ruby>向<rt>xiàng</rt></ruby><ruby>的<rt>de</rt></ruby><ruby>假<rt>jiǎ</rt></ruby><ruby>想<rt>xiǎng</rt></ruby><ruby>线<rt>xiàn</rt></ruby>。<ruby>它<rt>tā</rt></ruby><ruby>是<rt>shì</rt></ruby><ruby>由<rt>yóu</rt></ruby><ruby>英<rt>yīng</rt></ruby><ruby>国<rt>guó</rt></ruby><ruby>物<rt>wù</rt></ruby><ruby>理<rt>lǐ</rt></ruby><ruby>学<rt>xué</rt></ruby><ruby>家<rt>jiā</rt></ruby><ruby>法<rt>fǎ</rt></ruby><ruby>拉<rt>lā</rt></ruby><ruby>第<rt>dì</rt></ruby><ruby>提<rt>tí</rt></ruby><ruby>出<rt>chū</rt></ruby><ruby>的<rt>de</rt></ruby>。

北极　　　　　南极

异极相遇相吸的磁力线

北极　　　　　北极

同极相遇相斥的磁力线

小档案

鸽子不论飞到哪里，都不会迷路，是因为它的脑袋里有一个小的磁针在帮它。

磁感强度

<ruby>磁<rt>cí</rt></ruby><ruby>感<rt>gǎn</rt></ruby><ruby>强<rt>qiáng</rt></ruby><ruby>度<rt>dù</rt></ruby><ruby>是<rt>shì</rt></ruby><ruby>描<rt>miáo</rt></ruby><ruby>述<rt>shù</rt></ruby><ruby>磁<rt>cí</rt></ruby><ruby>场<rt>chǎng</rt></ruby><ruby>强<rt>qiáng</rt></ruby><ruby>弱<rt>ruò</rt></ruby><ruby>和<rt>hé</rt></ruby><ruby>方<rt>fāng</rt></ruby><ruby>向<rt>xiàng</rt></ruby><ruby>的<rt>de</rt></ruby><ruby>基<rt>jī</rt></ruby><ruby>本<rt>běn</rt></ruby><ruby>物<rt>wù</rt></ruby><ruby>理<rt>lǐ</rt></ruby><ruby>量<rt>liàng</rt></ruby>，<ruby>磁<rt>cí</rt></ruby><ruby>感<rt>gǎn</rt></ruby><ruby>强<rt>qiáng</rt></ruby><ruby>度<rt>dù</rt></ruby><ruby>大<rt>dà</rt></ruby><ruby>表<rt>biǎo</rt></ruby><ruby>示<rt>shì</rt></ruby><ruby>磁<rt>cí</rt></ruby><ruby>感<rt>gǎn</rt></ruby><ruby>强<rt>qiáng</rt></ruby>。<ruby>在<rt>zài</rt></ruby><ruby>国<rt>guó</rt></ruby><ruby>际<rt>jì</rt></ruby><ruby>单<rt>dān</rt></ruby><ruby>位<rt>wèi</rt></ruby><ruby>制<rt>zhì</rt></ruby><ruby>中<rt>zhōng</rt></ruby>，<ruby>人<rt>rén</rt></ruby><ruby>们<rt>men</rt></ruby><ruby>将<rt>jiāng</rt></ruby><ruby>它<rt>tā</rt></ruby><ruby>的<rt>de</rt></ruby><ruby>单<rt>dān</rt></ruby><ruby>位<rt>wèi</rt></ruby><ruby>命<rt>mìng</rt></ruby><ruby>名<rt>míng</rt></ruby><ruby>为<rt>wéi</rt></ruby>“<ruby>高<rt>gāo</rt></ruby><ruby>斯<rt>sī</rt></ruby>”，<ruby>以<rt>yǐ</rt></ruby><ruby>纪<rt>jì</rt></ruby><ruby>念<rt>niàn</rt></ruby><ruby>对<rt>duì</rt></ruby><ruby>科<rt>kē</rt></ruby><ruby>学<rt>xué</rt></ruby><ruby>发<rt>fā</rt></ruby><ruby>展<rt>zhǎn</rt></ruby><ruby>作<rt>zuò</rt></ruby><ruby>出<rt>chū</rt></ruby><ruby>巨<rt>jù</rt></ruby><ruby>大<rt>dà</rt></ruby><ruby>贡<rt>gòng</rt></ruby><ruby>献<rt>xiàn</rt></ruby><ruby>的<rt>de</rt></ruby><ruby>德<rt>dé</rt></ruby><ruby>国<rt>guó</rt></ruby><ruby>数<rt>shù</rt></ruby><ruby>学<rt>xué</rt></ruby><ruby>家<rt>jiā</rt></ruby><ruby>和<rt>hé</rt></ruby><ruby>科<rt>kē</rt></ruby><ruby>学<rt>xué</rt></ruby><ruby>家<rt>jiā</rt></ruby><ruby>高<rt>gāo</rt></ruby><ruby>斯<rt>sī</rt></ruby>。

探索电的秘密

虽 然我们看不到电，却可以看到随处的电线。如果没有电，所有的电器都无法工作，也正因为电线内的电流，我们的生活才能正常运转。电有两种类型：静电和电流。

← 闪电

闪电是什么？

闪电就是天空中强烈的放电现象。空气中的气流在上下移动时与云层发生摩擦，使云层中的电荷不断增加，当电荷积聚到一定量的时候，就会产生耀眼的光芒。

小档案

富兰克林是美国的发明家，他通过对闪电的观察，最终在1753年发明了避雷针。

静电

静电是由于电荷之间互相转移而产生的。如果你用梳子快速梳理干燥的头发，在头发上摩擦过的梳子靠近细小的水流，我们会发现梳子使水流的方向发生了弯曲。这是因为摩擦过的梳子有了静电的缘故。

↑ 静电现象

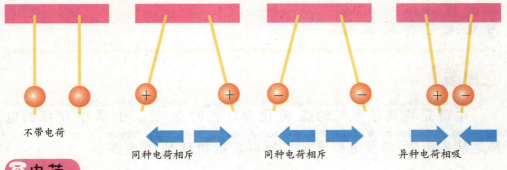

不带电荷　　　同种电荷相斥　　　同种电荷相斥　　　异种电荷相吸

电荷

电荷是物质原子内部的带电粒子，分为正电荷和负电荷两种。电荷最重要的特性是同种电荷互相排斥，异种电荷相互吸引。18世纪，美国科学家富兰克林证实存在两种性质相反的电，一种是正电荷，一种是负电荷。后来，人们发现物体所带的电总是一个数值的整数倍，于是把这个数值称为"基本电荷"。

↑ 风雨交加的一天，富兰克林和儿子去郊外捕捉闪电。

电从哪里来

与静电不同，电流是一种流动的电。它能使机器运转，也让我们的生活更加丰富多彩。如果没有电流，电灯、电话、电脑、冰箱都无法工作。电流可以分为直流电和交流电。

☎ 电源

电源是将其他形式的能转化为电能的装置。生活中使用的电都是从发电厂的发电机来的，所以发电机就成了电源。

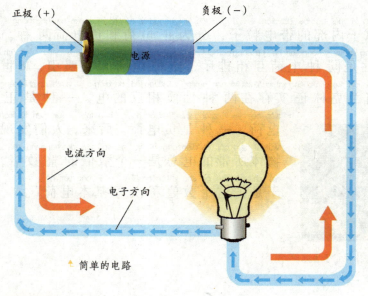

正极（+）　负极（-）

电源

电流方向

电子方向

▲ 简单的电路

☎ 电路

电路是让电流通过的环路，是由导线等各种连接装置构成的。当电路发生中断时，电流也就无法流出。

交流电和直流电

jiāo liú diàn diàn liú de fāng xiàng hé qiáng
交流电电流的方向和强
dù huì zuò zhōu qī xìng biàn huà   jiā tíng hé gōng
度会做周期性变化，家庭和工
chǎng yòng de dōu shì jiāo liú diàn   zhí liú diàn
厂用的都是交流电。直流电
shì zhǐ diàn hè yán yí gè bú biàn de fāng xiàng liú
是指电荷沿一个不变的方向流
dòng
动。

▲ 发电机

电的流向

zài guò qù   rén men xí guàn rèn wéi diàn lù zhōng de diàn shì cóng diàn
在过去，人们习惯认为电路中的电是从电
chí zhèng jí liú xiàng fù jí de   rén men jīn tiān réng yǐ zhè zhǒng fāng shì
池正极流向负极的。人们今天仍以这种方式
lái biǎo shì diàn liú   chēng wéi   yuē dìng diàn liú   diàn liú de dà xiǎo
来表示电流，称为"约定电流"。电流的大小
hé dǎo xiàn de guān xì hěn dà   cháng dù cū xì xiāng tóng de tóng xiàn diàn liú
和导线的关系很大，长度粗细相同的铜线电流
jiù bǐ lǚ xiàn dà
就比铝线大。

小档案

变压器是能将电
从电厂输送到千家万
户的重要设备。

导体和绝缘体

zài diàn lù zhōng   néng gòu
在电路中，能够
dǎo diàn de wù tǐ chēng wéi dǎo tǐ
导电的物体称为导体，
bǐ rú jīn shǔ   bù néng gòu dǎo
比如金属；不能够导
diàn de wù tǐ jiù shì jué yuán tǐ
电的物体就是绝缘体，
lì rú sù liào   mù tou děng
例如塑料、木头等。

◀ 电缆线

神奇的电波

当你在平静的湖面投入一颗石子儿时，你会看到一圈一圈的波纹从石子儿投入的地方散开，直到消失。而电磁波是一种看不见的波。你看不见它，但却可以感觉得到，因为在我们的生活中电磁波是无处不在的。

电磁波

电磁波是电磁场的一种运动形态，根据经典电磁理论，变化的电场产生变化的磁场，变化的磁场又产生变化的电场，就这样不断地传播出去，就像波一样，被称为电磁波。

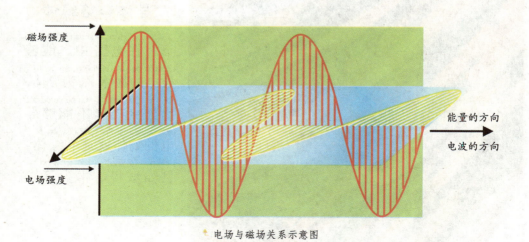

电场与磁场关系示意图

麦克斯韦的预言

英国科学家麦克斯韦在总结前人研究电磁现象的基础上，建立了完整的电磁理论，从这个理论出发，麦克斯韦预言存在电磁波，并计算出电磁波的一些特性。

→ 赫兹

赫兹的贡献

小档案

1930年，人们掌握了短波通信技术，这个技术的重要性不亚于网络对电脑的重要性。

1887年，德国物理学家赫兹在实验室里成功地捕捉到了电磁波，从而验证了麦克斯韦提出的电磁波理论。不仅如此，赫兹还用实验证明了电磁波的一些特性，这些都和麦克斯韦的预言一致。

空间波

通信电波的传播

空间波的波长在1毫米到30厘米，是最短的电磁波。它以直线传播，所以既不能沿凹凸不平的地球长途"旅行"，也不能像中波、长波那样穿越高山和建筑物。因此，为了让空间波传输到很远的地方，必须设置中转站，通过接力的方式传输。

电磁通信

我们生活在一个信息时代，在这个时代，我们可以便捷地和他人交流。电子通信无疑是这个时代最伟大的发明之一，有了它我们可以坐在家中和千里之外的亲朋好友聊天，让世界的距离通过电波缩小到一条电话线上。

电话

电话是用电流作为信号载体，双向传输声音的设备。说话一方通过话筒把声音信号变为电信号传播出去，另一头接听者的电话将这个电信号转变为声音信号，双方就可以进行交流了。

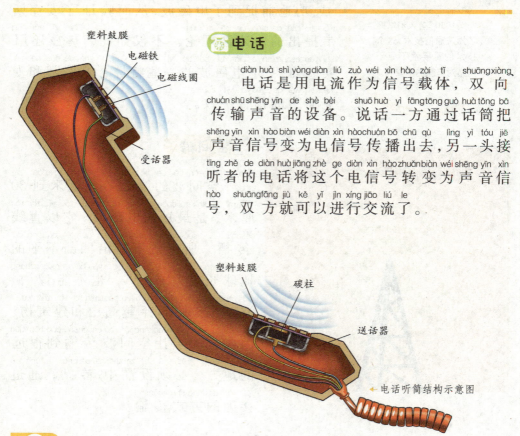

塑料鼓膜
电磁铁
电磁线圈
受话器
塑料鼓膜
碳柱
送话器

▲电话听筒结构示意图

电话的发明

1876年，美国科学家贝尔把金属片连接在电磁开关上，没想到在这种状态下，声音可以控制电流的通行。这个发现让贝尔发明了电话，他在当年2月14日在美国专利局申请了专利。

▲ 贝尔的电话试验终于取得了成功，他和助手既惊讶又激动。

小档案

美国著名的发明家贝尔发明了世界上第一台可用的电话机，被誉为"电话之父"。

可视电话

▲ 可视电话

人们为了看到说话人的表情，达到真正的近似面对面交谈，便发明了可视电话。而今天，绝大多数人则通过网络视频代替了昂贵的可视电话。

传真机

传真机通过光学扫描系统，将发送文稿的有光区和无光区变换成数字信号，然后再转变为音频信号，由发射端发送给另一个传真机。现代传真机能自动拨号、自动收发文件、自动应答等。

▶ 传真机

美丽的光

宇宙中的物体都在放射电磁波，但是多数情况下我们看不见它们。因为它们的频率低于可见光的频率。如果我们把物体加热，辐射频率提高后，就会产生可见光。光也是我们永远无法离开的重要物质。

光与影

光在空气中是沿直线来传播的。影子的形成就是因为物体挡住了光线，光线无法通过，就形成了阴影。一切不透明的物体在阳光下都会投下影子。

阳光下驼队的影子

小档案

天文学上有个长度计量单位叫光年，1光年等于光在一年内所走的全部路程。

无影灯

灯光照在物体上,会产生影子。但医生在手术室里是不能有影子的,所以人们发明了无影灯。它将发光强度很大的灯在灯盘上排成圆形,避免了影子的产生。

▶ 无影灯

光源

能发光的物体都被称作"光源"。当一个物体达到一定温度时,就会产生可见光,它就成为一个光源。在500℃左右时,物体放出暗红色的光;到了5 000℃,物体就能放射出所有颜色的光。

▶ 太阳光是最重要的自然光源。

五颜六色的风车

看不见的光

紫外线就是频率比紫色光更高的一段电磁波，而红外线是太阳光中热能的主要传播者。虽然我们看不见紫外线、红外线，但它们的确存在。

紫外线

紫外线是电磁波谱中波长从 0.01 ~ 0.40 微米辐射的总称。紫外线的波长越短，对人类皮肤危害越大。紫外线分为近紫外线 UVA、远紫外线 UVB 和超短紫外线 UVC。

小档案

地球外围的臭氧层能有效阻挡紫外线对人类的伤害。

紫外线的应用

紫外线的杀菌作用原理与其核酸、蛋白质及酶的作用有关，短波紫外线能破坏细胞或病毒的核酸结构和功能。适当地用紫外线照射人体还可以将胆固醇转换为维生素，防止佝偻病等职业病。

▶ 皮肤长时间暴露在紫外线下会被晒伤。

红外线

wǒ men bǎ guāng pǔ zhōng kàn de jiàn de nà bù fen bō chēng wéi guāng
我们把光谱中看得见的那部分波称为"光"
kě jiàn guāng　　ér rén yǎn kàn bú dào de bō zé chēng wéi　xiàn　zài
（可见光），而人眼看不到的波则称为"线"。在
guāng pǔ zhōng bō cháng zì　　　　　　wēi mǐ de yí duàn jiù shì hóng
光谱中波长自0.76～400微米的一段就是红
wài xiàn　yóu yú tā shì tài yáng guāng zhōng rè xiào yìng zuì qiáng de　suǒ
外线。由于它是太阳光中热效应最强的，所
yǐ zài wù lǐ xué shang yě jiāng tā jiào zuò rè xiàn
以在物理学上也将它叫作热线。

→ 红外线的发现者赫歇尔。

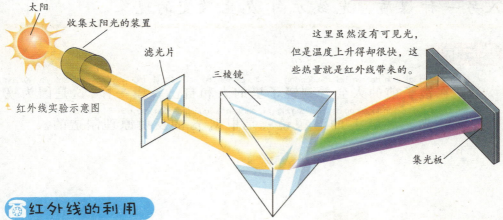

太阳　收集太阳光的装置　滤光片　三棱镜

这里虽然没有可见光，但是温度上升得却很快，这些热量就是红外线带来的。

↑ 红外线实验示意图　　集光板

红外线的利用

háng kōng shè yǐng shí kě yǐ lì yòng hóng
航空摄影时可以利用红
wài xiàn fā xiàn shù lín bìng hài　sēn lín　dì
外线发现树林病害、森林、地
mài hé kuàng cáng　yī xué shang kě yǐ yòng yú
脉和矿藏；医学上可以用于
duì rén tǐ zǔ zhī de chuān tòu　kē yán jí
对人体组织的穿透；科研及
gōng chéng shè yǐng kě yǐ yòng yú jiàn bié yìn sè
工程摄影可以用于鉴别印色，
chuān tòu zhī wù　pǔ tōng hóng wài xiàn shè yǐng
穿透织物；普通红外线摄影
kě yǐ lì yòng fā sàn xìng chǎn shēng xū huàn de
可以利用发散性产生虚幻的
tú huà xiào guǒ děng
图画效果等。

▶ 红外线摄影

反射与折射

光 线是沿直线传播的，可是一旦有障碍物，它就会反射回来，这就是反射。折射是光从一种媒质进入另一种媒质，光线方向发生改变的现象。

反射

站在镜子前的人会看到镜子里的人和自己一模一样，这是因为镜子会反射光。潜艇上的潜望镜就是根据光的反射原理制造的。

生活中常见的平面镜

小档案

哈哈镜实际上是凹面镜和凸面镜的组合，凹面镜把镜像缩小，凸面镜把镜像放大，从而达到失真的效果。

光的折射

fàng zài bēi zi li de kuài zi　　hěn róng yì kànchéng shì shé le
放在杯子里的筷子，很容易看成是折了。

qí shí　　zhè shì guāng de zhé shè xiànxiàngzàochéng de　　zhé shè ràngguāng
其实，这是光的折射现象造成的。折射让光

de sù dù hé fāngxiàngdōu fā shēng le gǎi biàn　　yě ràng wǒ men de yǎn jing
的速度和方向都发生了改变，也让我们的眼睛

chǎnshēng le cuò jué
产生了错觉。

→ 光的折射

光的折射规律

guāngcóng yì zhǒng tòu míng wù zhì jìn rù lìng yì zhǒng tòu míng wù zhì shí　　huì fā shēng fǎn zhé shè　　jiǎ
光从一种透明物质进入另一种透明物质时，会发生反折射。假

rú guāngcóngkōng qì jìn rù bō li　　zé rù shè jiǎo dà yú zhé shè jiǎo　　fǎn zhī　　rù shè jiǎo xiǎo yú zhé
如光从空气进入玻璃，则入射角大于折射角；反之，入射角小于折

shè jiǎo
射角。

← 哈哈镜

不同的透镜

gēn jù xíngzhuàng　　wǒ men kě yǐ bǎ tòu
根据形状，我们可以把透

jìng fēn wéi tū tòu jìng　　āo tòu jìng hé píngmiàn tòu
镜分为凸透镜、凹透镜和平面透

jìng　　rú guǒ dōu shì píng xíngguāngxiàn zhào shè
镜，如果都是平行光线照射，

tū tòu jìng kě yǐ bǎ zhè xiē guāng jù jí zài lìng
凸透镜可以把这些光聚集在另

yì duān de jiāo diǎnshang　　āo tòu jìng huì shǐ píng
一端的焦点上，凹透镜会使平

xíngguāng fēn sàn　　píngmiàn tòu jìng zhǐ shì jiāngguāng
行光分散，平面透镜只是将光

de chuán bō fāngxiàngpíng yí
的传播方向平移。

照相机

一个带有小孔的不透光盒子，盒子里安装了可以成像的胶片，这就是照相机的最基本原理。如今，照相机已经成为我们记录生活历程的最佳工具之一，在它的帮助下我们将一个个值得纪念的悲喜瞬间保存了下来。

照相机

照相机工作时，镜头把被拍摄景物成像在胶片位置上，然后通过控制快门的开闭，胶片被曝光而形成潜影，这样，就完成了一次拍照。现在，照相机已普及到家庭，人人都可以用相机拍自己喜欢的照片，来实现自己对美好生活的理解。

小档案

1888年，乔治·伊斯曼的"伊斯曼干版公司"生产出了第一台"柯达"相机。

→ 摄影

胶卷

要把形成的像记录下来需要依靠胶卷的帮助。胶卷装在照相机中，是表面涂有特殊药剂的塑料胶片，药剂在遇到光时会发生化学反应。照相时，调节焦距，使焦点正好落在胶卷上，在胶卷形成的像里，光强的地方反应强，光弱的地方反应弱，没光的地方不反应，这样就把图像保留了下来。

▲ 胶卷

数码相机

数码相机里有一种被称为电子影像感受器的东西，它能直接把物体反射的光线转化为数码信号，最终存储起来，所以它没有普通相机使用的胶卷。

▲ 数码相机

▲ 相机拍出来的美丽风光

望远镜

zài 在

yáo yuǎn de xīng kōng yǒu wú shù yǒu qù de gù shi ér wǒ men jiè zhù yú tiān
遥远的星空，有无数有趣的故事，而我们借助于天

wén wàng yuǎn jìng yǐ jīng zhī dào le xǔ duō tiān tǐ de mì mì chú tiān wén guān
文望远镜，已经知道了许多天体的秘密。除天文观

cè wài wàng yuǎn jìng hái zài háng hǎi jūn shì děng qí tā lǐng yù fā huī zhe zhòng yào zuò yòng
测外，望远镜还在航海、军事等其他领域发挥着重要作用。

望远镜

àn zhào guāng xué jié gòu de
按照 光学结构的

bù tóng wàng yuǎn jìng kě fēn wéi
不同，望远镜可分为

zhé shè shì fǎn shè shì hé zhé
折射式、反射式和折

fǎn shè shì zhé shè shì wàng yuǎn
反射式。折射式望远

jìng shì zuì zǎo chū xiàn de wàng yuǎn
镜是最早出现的望远

jìng
镜。

用望远镜来看世界

望远镜

小档案

没有望远镜，地球外的世界对我们来说会很遥远，望远镜为我们搜集了许多天文资料。

▲ 空间望远镜

显微镜

与望远镜相似的还有显微镜，它分为光学显微镜和电子显微镜。光学显微镜是1590年由荷兰的杨森父子发明的，能把物体放大1500倍。

→ 射电望远镜

射电望远镜

射电望远镜不同于光学望远镜，它接收天体反射的或来自太空的无线电波。它由两部分组成：一面或多面天线和一台灵敏度很高的无线电接收机。

显微镜

在 显微镜出现以前，人类观察世界的方式有一定局限性，是显微镜将我们带入了一个全新的天地。它使我们第一次看到了难以计数的微小生命，看到了从人体到植物纤维等各种东西的内部构造。

列文·虎克

列文·虎克是荷兰著名的发明家。16岁时，贫穷的生活迫使他离开学校去一家杂货铺做学徒。列文·虎克喜欢把闲暇的时间花在他最感兴趣的两件事——读书和磨制镜片上。这使得他在很早的时候就学会了琢磨玻璃、制造透镜的技术。正是他研制成的这台简单的显微镜，使人类第一次看到了神奇的微观生物世界。

◆ 列文·虎克在用磨制的镜片观察世界。

光学显微镜

tōng guò liè wén   hǔ kè de bú duàn gǎi jìn   rén men dé dào le guān cè xiào guǒ gèng wéi   lǐ xiǎng de

通过列文·虎克的不断改进，人们得到了观测效果更为理想的

guāng xué xiǎn wēi jìng   guāng xué xiǎn wēi jìng   yì bān yóu zài wù tái   jù guāng zhào míng xì tǒng   wù jìng   mù

光学显微镜。光学显微镜一般由载物台、聚光照明系统、物镜、目

jìng hé tiáo jiāo jī gòu zǔ chéng   tā lì yòng guāng xué chéng xiàng yuán lǐ   tōng guò wù jìng   mù jìng děng guāng

镜和调焦机构组成。它利用光学成像原理，通过物镜、目镜等光

xué tòu jìng bǎ guān chá duì xiàng fàng dà chéng xiàng

学透镜把观察对象放大成像。

电子显微镜

dào le   shì jì   nián dài   guāng xué xiǎn wēi jìng yǐ bù néng

到了20世纪20年代，光学显微镜已不能

mǎn zú yī xué yán jiū de xū yào le   nián   dé guó wù lǐ xué

满足医学研究的需要了。1931年，德国物理学

jiā ēn sī tè   lǔ sī kǎ tōng guò yán zhì diàn zǐ xiǎn wēi jìng   shǐ shēng

家恩斯特·鲁斯卡通过研制电子显微镜，使生

wù xué fā shēng le   yì cháng gé mìng   tā hé tóng bàn nuò ěr yòng diàn zǐ

物学发生了一场革命。他和同伴诺尔用电子

shù hé jù jiāo xiàn quān jìn xíng shí yàn   lái yán jiū cí chǎng xiàn quān duì

束和聚焦线圈进行实验，来研究磁场线圈对

yú diàn zǐ shù de xiào yìng lǐ lùn   zhōng yú zài   nián dǐ zhì zào chū

于电子束的效应理论，终于在1933年底制造出

yì tái chāo jí xiǎn wēi jìng   fàng dà bèi shù gāo dá   bèi   yǐ

一台超级显微镜，放大倍数高达12 000倍，已

jīng yuǎn yuǎn chāo guò le guāng xué xiǎn wēi jìng de fēn biàn lǜ

经远远超过了光学显微镜的分辨率。

电子显微镜

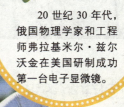

小档案

20世纪30年代，
俄国物理学家和工程
师弗拉基米尔·兹尔
沃金在美国研制成功
第一台电子显微镜。

自从有了显
微镜，人们看到
了许多微小生物
和构成生物的基
本单元——细胞。

海市蜃楼

有时候，在平静的海面、湖面或沙漠上会突然出现一座城市或是一片绿洲，这种景象就是海市蜃楼。海市蜃楼有时仅出现几分钟，有时却可以持续几个小时。

小档案

海市蜃楼有两个特点：一是喜欢在同一地点重复出现，二是出现的时间一致。

沙漠里很容易出现海市蜃楼现象。

科学的认识

在古代，海市蜃楼被看作魔鬼的化身。但是在现代，人们已经认识到它是一种神奇的自然现象。并且，"海市蜃楼"一词已成为一个成语，意思是实际不存在的事物。

形成原因

海市蜃楼是大气由于光线折射而出现的自然现象。由于不同的空气层有不同的密度，而光在不同密度的空气中又有着不同的折射率，所以海市蜃楼的景象也不相同。

▲ 海市蜃楼现象

奇景的破坏者

海市蜃楼只能在无风或风力极微弱的天气条件下出现。当大风一起，引起上下层空气的搅动混合，上下层空气密度的差异减小了，海市蜃楼就会立刻消逝。

▼ 海面上的海市蜃楼

最佳观测地点

在我国，山东长岛是出现海市蜃楼最频繁的地域，特别是七八月间的雨后。每年都有许多人来这里度假，期待能够看到海上奇景。

分子的奥秘

世界上所有的物质都是由分子组成的，而且分子时刻不停地在运动着。当分子的结构发生变化时，物质的形态也会有所改变。下面就让我们一起去看看分子都有哪些奥秘吧！

什么是分子

任何物质都是由极微小的粒子组成的，能够保持物质化学性质的最小微粒就叫作分子。比如，水是由水分子组成的，氢是由氢分子组成的。

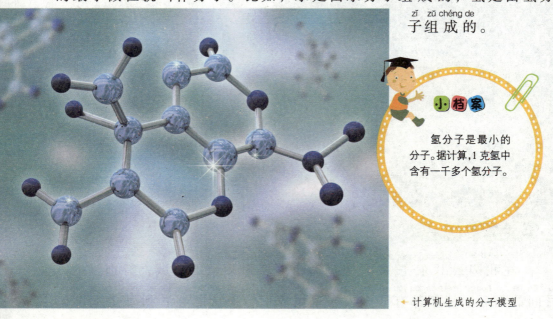

小档案

氢分子是最小的分子。据计算，1克氢中含有一千多个氢分子。

▶ 计算机生成的分子模型

分子的组成

fēn zǐ shì yóu yuán zǐ gòuchéng de　　yuán zǐ tōng guò yí
分子是由原子构成的，原子通过一
dìng de zuò yòng lì　　yǐ yí dìng de cì xù hé pái liè fāng shì
定的作用力，以一定的次序和排列方式
jié hé chéng fēn zǐ　　rú shuǐ fēn zǐ jiù shì yóu liǎng gè qīngyuán
结合成分子。如水分子就是由两个氢原
zǐ hé yí gè yǎngyuán zǐ gòuchéng de
子和一个氧原子构成的。

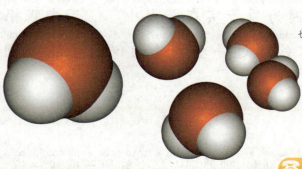

如果分子的形态发生变化，物质的状态
也会随之改变。

如果将水分子电解为氢和氧，它们的
特性就和水完全不同了。

奇妙的变化

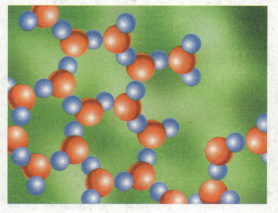

高分子

fēn zǐ de jié gòu huì suí zhe wēn dù de
分子的结构会随着温度的
shēnggāo ér fā shēngbiàn huà　　bǐ rú　　zài hán
升高而发生变化。比如，在寒
lěng de dōngtiān　　fēn zǐ yùndòng jiào màn　　rén
冷的冬天，分子运动较慢，人
de xuè yè xún huán jiù jiào màn　　huì jué de lěng
的血液循环就较慢，会觉得冷；
ér zài yán rè de xià tiān　　fēn zǐ yùndòng jiā
而在炎热的夏天，分子运动加
kuài　　rén jiù huì liú hàn
快，人就会流汗。

高分子

yǒu yì zhǒng dà xíng de fēn zǐ　　tā suǒ hán de yuán zǐ shù zài jǐ wàn yǐ shàng　　ér qiě zhè xiē yuán
有一种大型的分子，它所含的原子数在几万以上，而且这些原
zǐ shì jǐn mì xiānglián de　　zhè jiù shì gāo fēn zǐ　　bǐ rú　　gòuchéngshēng wù tǐ de dàn bái zhì　　shí
子是紧密相连的，这就是高分子。比如，构成生物体的蛋白质、食
wù zhōng de diàn fěn shì gāo fēn zǐ　　gè zhǒng sù liào　　xiàngjiāo yě shì gāo fēn zǐ
物中的淀粉是高分子，各种塑料、橡胶也是高分子。

看不见的原子

世界上一切物质的构成都离不开原子，那么，原子是什么样的呢？因为原子实在是太小了，用肉眼根本看不到，所以人们只能通过一些特殊的仪器才能观测到单个的原子。

小原子，大世界

原子是化学变化中的最小微粒，即使把一亿个氧原子排成一排，其长度仍不足1厘米。但是，小小的原子本领可不小，世界上所有的物质都是由它构成的。

道尔顿的发现

1801年，英国化学家道尔顿根据实验证明了每个化学元素都是由原子组成的，元素之间各不相同，只是由于构成它们的原子各不相同。

◀ 道尔顿

📞 原子的构成

　　yuán zǐ shì yóu diàn zǐ　　zhì zǐ hé zhōng zǐ gòuchéng de　　qí zhōng　diàn zǐ shì suǒ yǒu lì zǐ zhōng

　　原子是由电子、质子和中子构成的，其中，电子是所有粒子中

zuì qīng de　zhōng zǐ hé zhì zǐ de zhì liàngxiāng jìn　yuán zǐ de zhì liàng jí xiǎo　qiě　　　　jí zhōng zài

最轻的，中子和质子的质量相近。原子的质量极小，且99.9%集中在

yuán zǐ hé shang

原子核上。

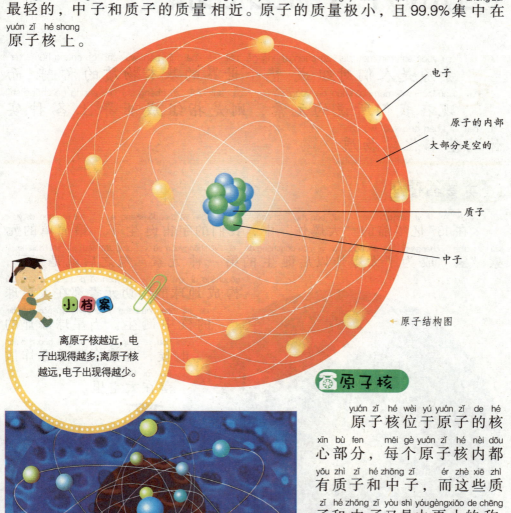

电子

原子的内部
大部分是空的

质子

中子

原子结构图

小档案

离原子核越近，电
子出现得越多;离原子核
越远,电子出现得越少。

📞 原子核

yuán zǐ　hé wèi yú yuán zǐ de hé

原子核位于原子的核

xīn bù fen　měi gè yuán zǐ hé nèi dōu

心部分，每个原子核内都

yǒu zhì zǐ hé zhōng zǐ　ér zhè xiē zhì

有质子和中子，而这些质

zǐ hé zhōng zǐ yòu shì yóugèngxiǎo de chēng

子和中子又是由更小的称

wéi kuā kè de lì zǐ gòuchéng de

为夸克的粒子构成的。

　　带负电荷的电子像云一样笼罩在原子
核周围，人们形象地称它为"电子云"。

自然界中的元素

元素原是人们对组成整个世界的基本物质的称呼，而现在我们所说的元素，则是指组成世界上各种实体的基本化学物质。

元素的诞生

在137亿年前的"大爆炸"中，我们的宇宙诞生了，最简单的元素"氢"成为了大爆炸以后诞生的第一种元素。氢之后就是氦了，构成地球的一切元素都在大星球的核中诞生。当星球爆炸的时候，元素会随着爆炸散落在太空里。

宇宙大爆炸后，元素也随之出现。

小档案

任何物质都包含元素，随着人工的核反应，更多的新元素将会被发现出来。

古代的元素

公元前 4 世纪，亚里士多德等哲学家认为各种形式的物质仅由4种按不同比例排列起来的元素组成。它们是火、空气、水和土。在古代中国，人们则认为世间物质都是由金、木、水、火、土5种相生相克的元素组成的。

亚里士多德

元素新认识

17 世纪，化学有了大发展，科学地认识元素成为可能。在 1669 年，德国人勃兰德发现磷。18世纪的法国科学家拉瓦锡是明确元素化学定义的人，他认为能保持物质化学性质的基本物质就是元素，所有物质都是由化学元素组成的。

元素和炼金术

其实在很久以前，世界各地的炼金术就开始发展起来，炼金术士总是希望通过将普通的物质进行提炼后能转化为另一种物质。他们除了希望将普通的金属转变为贵重的黄金，还尝试着寻找长生不老的丹药。他们虽然认识到了元素，但是却没有搞明白什么才是化学。

依炼金术士的见解，这就是一切物质的起源。

59

探索星星的奥秘

当晚霞散尽，黝黑的天幕闪烁着点点繁星时，我们仰望天空，会看到无数的星星在眨眼。星星离我们有多远？星星为什么会发光？让我们一起去探索星空吧！

利用望远镜观测到的星空

星空的主人

星空的主人当然就是各种星星喽！大部分星星用肉眼看是不动的，这些星星被称为恒星，一些会移动的星星则被称为行星。此外，天空中还有彗星、卫星和流星体等居民。

美丽的星光

我们看到的星星都闪耀着美丽的星光，对于恒星来说，它们的星光是自己发出的；对于行星来说，它们并不发光，只是反射恒星发出的光。

美丽的星空

银河系

zài dì qiú shang kàn　　yín hé xì jiù xiàng guà zài tiān shang de yì tiáo cháng cháng de hé　yín hé xì
在地球上看，银河系就像挂在天上的一条长长的河。银河系
shì yóu shǔ bù qīng de xīng xing zǔ chéng de　　suī rán yín hé xì kě yǐ zhí jiē yòng ròu yǎn kàn jiàn　dàn shì
是由数不清的星星组成的。虽然银河系可以直接用肉眼看见，但是
rén lèi què huā le hěn cháng shí jiān cái rèn shi tā
人类却花了很长时间才认识它。

自古以来，美丽的银河系给了人们许多遐想。

天狼星伴星是历史上第一颗被发现的白矮星。

遥远的星星

tiān shang de xīng xing kàn qǐ lái jù lí wǒ men bù
天上的星星看起来距离我们不
yuǎn　shí jì shang lí wǒ men shí fēn yáo yuǎn　yǒu xiē
远，实际上离我们十分遥远。有些
xīng xing kàn qǐ lái bú dà　dàn qí shí bǐ tài yáng hái
星星看起来不大，但其实比太阳还
yào dà　zhè shì yīn wèi tā men jù lí wǒ men de wèi
要大，这是因为它们距离我们的位
zhì bǐ tài yáng yuǎn de yuán gù
置比太阳远的缘故。

明亮的金属

人们使用的大多数金属制品都有光泽，硬度大，强度高。目前人们所知的金属大约有80种，而且大部分都可以在地壳中发现。除了少数金属是以纯物质状态存在之外，大部分金属都是以化合物形态存在的。

金属的特性

大多数金属有可塑性，受热后的金属更容易塑型。金属既导电又导热，是良导体，这是因为金属里的电子比非金属里的电子移动得更自由。

小档案

除了汞之外，金属元素常温下一般都是固体。

➤ 各种颜色的矿石经过加工可以制造出五光十色的宝石。

提取金属

dì qiào lǐ yǒu dà liàng de jīn shǔ　　tā men tōng cháng yǐ huà hé wù de xíng shì cún zài yú yán shí zhōng
地壳里有大量的金属，它们通常以化合物的形式存在于岩石中，
bèi chēng wéi kuàng shí　　kuàng shí xū yào jīng guò tí chún hé huà xué chǔ lǐ hòu　　cái néng dé dào chún jīn shǔ
被称为矿石。矿石需要经过提纯和化学处理后，才能得到纯金属。

坚硬的铁

chún tiě shì yì zhǒng yǒu guāng zé de
纯铁是一种有光泽的
yín bái sè jīn shǔ　　jù yǒu kě sù xìng
银白色金属，具有可塑性
hé yán zhǎn xìng　　tā kě yǐ yòng lái zhù
和延展性。它可以用来铸
zào nóng jù hé liàn gāng　　tiě yǔ lǜ
造农具和炼钢。铁与氯、
yǎng hé liú huà hé hòu kě yǐ xíng chéng gè
氧和硫化合后可以形成各
zhǒng huà hé wù
种化合物。

🔶 铁碳合金可分为钢和生铁，如今钢已成为世界上使用最多的材料之一，是建筑业、制造业和人们日常生活中不可或缺的成分。

锻造

duàn zào shì yì zhǒng jīn shǔ jiā gōng gōng yì　　cóng jiǎn dān de jīn shǔ kuài dào fù zá de diāo xiàng děng dōu
锻造是一种金属加工工艺。从简单的金属块到复杂的雕像等都
kě yóu duàn zào zhì chū　　duàn zào yǒu duō zhǒng chéng xíng fāng fǎ　　rú zì yóu duàn　　mú duàn　　cǐ wài hái yǒu
可由锻造制出。锻造有多种成型方法，如自由锻、模锻，此外还有
lián xù duàn zào　　jiù shì ràng róng róng de jīn shǔ tōng guò lěng què zhī hòu　　zài jīng yà gǔn yā zhì chéng lián xù
连续锻造，就是让熔融的金属通过冷却之后，再经轧辊压制成连续
de jīn shǔ dài
的金属带。

🔶 金属铜制品

重要的非金属

在已知的化学元素中，非金属元素占了22种。这些元素与金属、稀有气体共同构成了元素周期表。非金属元素是元素的一大类，其中80%的非金属元素在现在社会中占有重要的位置。

维持生命的碳

碳元素是一切生物生存的根本。碳可以和其他元素的原子构成成千上万种碳化物。有些还非常昂贵，比如钻石就是经过磨制的金刚石，是由碳元素组成的。

▲ 钻石

卤族元素

卤族元素包括氟、氯、溴、碘和砹等非金属元素。它们大都有毒，会腐蚀皮肤。活跃性从氟到砹依次递减。绝大多数卤化物都溶于水，比如海水里就含有多种卤化物。

▲ 富含卤化物的海水

臭氧杀手——氟利昂

氟利昂是无色、无味、无腐蚀性、不可燃、低毒的气体或液体。最初人们一般在冰箱的制冷剂中使用它，但因为氟利昂对环境污染很大，因此现在世界各国已经限制了氟利昂的生产。

↑ 氟对大气层当中的臭氧层有破坏力，现在好多冰箱大多数是环保无氟的。

小档案

白磷在空气中可自燃，故需水封保存，在军事上可作发烟剂、燃烧弹和手榴弹等。

→ 浓硫酸

硫酸

硫酸是一种密度大、无色、油状的强腐蚀性液体，是最重要的化学产品之一。浓硫酸可用来保持环境干燥。在高温下硫酸易与很多金属发生反应。硫酸的用途很广，可以用于制造化肥、燃料、油漆、塑料、洗涤剂和药品等。

稀有气体

稀有气体的熔点和沸点都很低，通常情况下，化学性质很不活泼，因此它们以前被称为"惰性气体"。稀有气体包括氦、氖、氩、氪、氙和氡6种元素。

氢气易燃易爆，氦气是除了氢气以外最轻的气体，可以代替氢气装在高空气球和飞艇的气囊中。

📞 **稀有气体**

稀有气体约占空气的0.94%，其中氩占空气中稀有气体总量的99.7%以上。氦在有些天然气中高达7%。氡为放射性元素，其所有天然同位素都具有放射性。氩、氪、氙还可与水、氢形成笼状化合物。除氡外，其他几种气体都可由液态空气分馏制取。

小档案

英国化学家威廉·拉姆齐最早发现了氩，接着又发现了氦、氖和氙。

轻飘飘的氦

氦仅次于氢，是第二位轻气体。氦比空气轻，而且不会燃烧，比氢安全，因此人们常用它来填充气球和飞船。大气中只有少量的氦，但是某些天然气的矿床内却有相当数量的氦，这也是氦气的主要来源。

▸ 大桥上的霓虹灯

独特用途

将稀有气体充入灯泡或玻璃管内可以阻止金属钨的蒸发；氦氖激光器可用于测量或通信；各种稀有气体在霓虹灯管中放电时可呈现不同颜色，其中氖灯射出的红光在空气中透射力很强，可穿过浓雾，用于机场、港口航标灯。

"闪亮"的氙

氙极为稀少，密度是空气的4倍多，用液态空气分馏法可以生产氙。氙具有极高的发光强度，因而被用于频闪仪和高速摄影照明等需产生强而极短闪光的仪器中。氙最大的特点在于它是第一个被发现能生成真正化合物的稀有气体。

高分子化合物

高 分子化合物是化学世界中的巨人，它由上千个原子链接而成。不仅是人，就连大自然也在利用这种高分子的特性。

纤维素

纤维素是一种常见的高分子化合物，它的相对分子质量高达上百万。天然的纤维素存在于植物的细胞壁里，是保护植物细胞的物质。

▲ 以合成纤维为材料的被褥

小档案

棉花的纤维素含量接近 100%，为天然的最纯纤维素来源。

橡胶

橡胶是另外一种天然高分子化合物，它的一个分子由成百上千个简单有机物分子组成，弹性非常好，而且耐磨耐腐蚀，在现实生活中有很大用途，比如汽车轮胎。

➥ 橡胶分为天然橡胶和合成橡胶。天然橡胶主要来源于植物，合成橡胶是由人工合成方法制得的，需求量很大，汽车轮胎就是由合成橡胶制成的。

小麦中含有非常丰富的淀粉。

淀粉

diàn fěn yě shì yì zhǒng zì rán jiè
淀粉也是一种自然界
cún zài de gāo fēn zǐ huà hé wù   tā shì
存在的高分子化合物，它是
yóu pú tao táng fēn zǐ jù hé ér chéng de
由葡萄糖分子聚合而成的，
shì wǒ men zhǔ yào de néng liàng lái yuán   wǒ
是我们主要的能量来源，我
men suǒ chī de shí wù zhōng dà duō hán yǒu
们所吃的食物中大多含有
diàn fěn
淀粉。

聚乙烯

jù yǐ xī shì rén gōng hé chéng de zuì jiǎn dān
聚乙烯是人工合成的最简单
de gāo fēn zǐ huà hé wù   wǒ men rì cháng shēng
的高分子化合物，我们日常生
huó zhōng shǐ yòng de xǔ duō sù liào chǎn pǐn dōu shì yǐ
活中使用的许多塑料产品都是以
jù yǐ xī wéi yuán liào zhì zào de
聚乙烯为原料制造的。

尼龙线

腈纶

jīng lún jiù shì jù bǐng xī jīng   tā shì yì zhǒng rén gōng hé chéng de xiān wéi   cái zhì róu ruǎn   qīng
腈纶就是聚丙烯腈，它是一种人工合成的纤维，材质柔软、轻
yíng   bǎo nuǎn   nài fǔ shí   yīn cǐ zài fǎng zhī hé zhì zào lǐng yù yǒu shí fēn guǎng fàn de yòng tú   jīng
盈、保暖、耐腐蚀，因此在纺织和制造领域有十分广泛的用途。腈
lún hái jù yǒu hěn hǎo de zhuó sè xìng   néng gòu bèi rǎn chéng duō zhǒng yán sè
纶还具有很好的着色性，能够被染成多种颜色。

化学反应

化学反应是把原来的物质分解，然后将分解的物质组成新的物质的过程。生活中的燃烧也是一种化学反应，它是因为可燃物跟氧气反应，释放出了热量。

发酵

面团必须发酵才能制作面包或者馒头，而这个发酵过程其实就是利用面粉中的糖分与其他营养物质，在适宜的生长条件下繁殖产生大量的二氧化碳气体，使面团膨胀成海绵状结构。

把面团捏成火山口形状，把中间的凹洞留大一点。

将一小撮苏打粉放在火山模型的凹洞里，再滴几滴食用红色素。

将醋滴在火山模型凹洞中的苏打粉上，"火山岩浆"就会从"火山口"中流出来。

▲ 苏打粉和醋发生化学反应的示意图

反应速度

反应依据不同的物品和环境,速度也不一样,爆炸产生的反应速度可快到以秒计算,而塑料袋降解的反应却可能要持续几十年甚至几百年的时间。反应速度不是一成不变的,它会根据随时改变的条件而改变。

催化剂

化学反应中,有一种参与反应并加快反应速度但是在反应前后没有任何变化的物质,它就是催化剂。比如,在糖表面撒上烟灰,糖可以燃烧,这是因为烟灰可以改变蔗糖燃烧的反应速度,降低蔗糖的燃点。

小档案

化学反应在我们生活里随时发生着。

燃烧的时候会产生放热反应。

吸热反应

运动员受伤后,常常使用的冷敷方法就是一种吸热反应。它通过破坏旧键所消耗的热量大于构成新键所需的热量,来达到止痛的效果。冰雪融化的时候也会产生吸热反应,融化的同时降低周围温度,所以我们常说的下雪不冷化雪冷,就是这个道理。

物体燃烧

传 说宙斯夺去了人间象征文明的火，巨人普罗米修斯却偷到了火种并带给了人类。但传说毕竟是传说，火的燃烧究竟是怎么产生的，还是让我们来看看科学家的解释吧。

钻木取火

一些物质有自己的燃点，比如火绒和木头。当温度达到物质的燃点时，这个物质就会燃烧起火。古人利用摩擦生热，在用工具钻木头的摩擦中迅速产生高温，火绒最先达到燃点，然后木头也达到燃点，此时木头就开始燃烧。这就是钻木取火的原理。

◄ 不同的物质燃烧会产生不同的颜色和烟雾，这也成了化学分析的一种方式。比如木材，燃烧时火焰会由红色变为黄色。

光能转化的热能

guāng kě yǐ diǎn rán yì xiē yì rán wù yǒu xiē sēn lín huǒ zāi jiù shì
光可以点燃一些易燃物，有些森林火灾就是
zài yáng guāng cháng qī bào shài xià wēn dù guò gāo yǐn qǐ de wǒ men
在阳光长期暴晒下，温度过高引起的。我们
yòng fàng dà jìng jiāng yáng guāng jù jí zài yì diǎn de shí hou huì fā
用放大镜将阳光聚集在一点的时候，会发
xiàn zhè ge diǎn fēi cháng de liàng ér qiě wēn dù hěn gāo dāng
现这个点非常地亮，而且温度很高，当
guāng xiàn zú gòu qiáng de shí hou jiù kě yǐ diǎn rán guāng
光线足够强的时候，就可以点燃光
diǎn xià de gān zào mù cái
点下的干燥木材。

→ 放大镜

灭火

yào xī miè rán shāo de jiǔ jīng dēng bù néng xiàng chuī là zhú yí yàng zhǐ yào jiāng jiǔ jīng dēng gài shàng
要熄灭燃烧的酒精灯，不能像吹蜡烛一样，只要将酒精灯盖上，
huǒ jiù huì xī miè zhè shì yóu yú gài shàng gài zi hòu jiǔ jīng dēng shī qù le rán shāo xū yào de yǎng qì tóng
火就会熄灭。这是由于盖上盖子后酒精灯失去了燃烧需要的氧气。同
yàng yòng miè huǒ qì hé shā tǔ děng yě kě yǐ qǐ dào zǔ gé yǎng qì de zuò yòng dá dào miè huǒ de mù dì
样，用灭火器和沙土等也可以起到阻隔氧气的作用，达到灭火的目的。

→ 烟花利用各种金属粉末在高热中燃烧来构成各种夺目的色彩。

小档案

通常讲的燃烧一般是要有氧气参加的，但在一些特殊情况下，燃烧可以在无氧的条件下进行。

剧烈的爆炸

爆炸是一种剧烈的反应，爆炸发生时，会发出强烈的空气脉冲，产生巨大的响声；其次，许多爆炸还会使气体剧烈膨胀，产生一个迅速扩大的火球和烟雾；爆炸还会释放巨大的能量，使周围温度迅速升高。

膨胀性爆炸

膨胀性爆炸的威力一般不大，比如一个气球因为充了太多的气体而膨胀爆炸，它一般只是制造刺耳的响声，并没有其他更猛烈的爆炸现象。膨胀性爆炸属于物理爆炸范围。

▲ 气球爆炸属于膨胀性爆炸。

▲ 烟花属于化学爆炸。

化学爆炸

化学爆炸通常是剧烈的化学反应引起的，比如可燃物在空气中猛烈燃烧。化学爆炸通常伴有燃烧、强烈的发热和发光现象，会伤害人体和其他物体，威力非常巨大。

当电荷积聚到一定量的时候，就会产生耀眼的光芒。

小档案

爆炸都会产生冲击波，冲击波的强度和爆炸的威力成正比。

📞核爆炸

核爆炸是威力最巨大的爆炸类型，它利用大量原子进行核反应，在极短的时间里释放大量能量，制造剧烈爆炸。核爆炸不需要空气，它可以在任何地方爆炸，一个像菠萝那么大的核原料就可以毁灭一个中等城市。

原子弹是利用铀235或钚239等重原子核的裂变链式反应原理制成的裂变武器。

📞放电爆炸

静电释放也会导致爆炸，但是我们日常生活中所遇到的静电爆炸都非常有限，更剧烈的放电爆炸发生在天空中。当云层之间有强烈的放电现象时，雷电周围的空气会被急剧加热，进而膨胀扩张，制造巨大的响声，并伴有强烈的发光和发热现象。

奇妙的电解

^{guò diàn liú shǐ huà hé wù fēn jiě de guò chéng chēng wéi   diàn jiě   ruò yào shǐ}
通过电流使化合物分解的过程 称为 "电解"。若要使
^{diàn jiě xíng chéng   huà hé wù bì xū chǔ zài róng yè zhōng huò zhě róng róng zhuàng tài}
电解形成，化合物必须处在溶液中或者熔融状态
^{xià   bìng hán yǒu kě yí dòng de dài diàn lí zǐ   diàn jiě zhì jiù shì zhǐ zài zhè zhōng qíng}
下，并含有可移动的带电离子。电解质就是指在这种情
^{kuàng xià néng dǎo diàn de wù zhì   huà hé wù tōng guò diàn jiě kě bèi yì fēn wéi èr}
况下能导电的物质。化合物通过电解可被一分为二。

电解的秘密

^{diàn jiě kě yǐ jiāng huà hé wù fēn jiě wéi qí suǒ hán yǒu de gè zhǒng yuán sù   zhè shì yīn wèi lí zǐ}
电解可以将化合物分解为其所含有的各种元素，这是因为离子
^{zài diàn jí shang shī qù diàn hé hòu   huì biàn huí zhè xiē yuán sù de yuán zǐ   diàn jiě kě yìng yòng yú cóng kuàng}
在电极上失去电荷后，会变回这些元素的原子。电解可应用于从矿
^{shí zhōng tí liàn jīn shǔ huò yòng zài diàn dù shang}
石中提炼金属或用在电镀上。

导电的电解质

^{diàn jiě zhì jiù shì zài shuǐ róng yè zhōng huò}
电解质就是在水溶液中或
^{shì róng róng zhuàng tài xià néng dǎo diàn de wù zhì}
是熔融状态下能导电的物质。
^{zuì cháng jiàn de diàn jiě zhì shì suān jiǎn hé yán}
最常见的电解质是酸、碱和盐，
^{tā men zài róng yú shuǐ děng róng jì shí huì fā shēng}
它们在溶于水等溶剂时会发生
^{diàn lí xíng chéng lí zǐ dǎo diàn}
电离，形成离子导电。

→ 电解金属

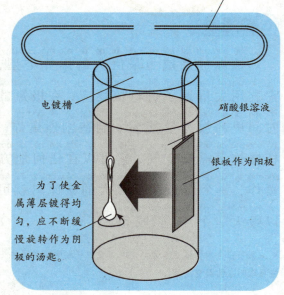

电源

电镀槽

硝酸银溶液

银板作为阳极

为了使金属薄层镀得均匀，应不断缓慢旋转作为阴极的汤匙。

生活中的电解质

在日常生活中，有许多物质是电解质，如食盐中的氯化钠。不过类似蔗糖、酒精等物质，即使溶于水中也不会发生分解，因此被人称为非电解质。

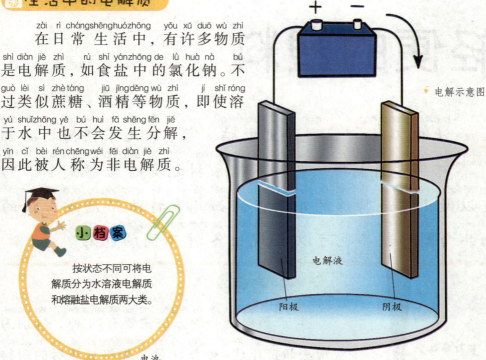

→ 电解示意图

电解液

阳极　　　阴极

小档案

按状态不同可将电解质分为水溶液电解质和熔融盐电解质两大类。

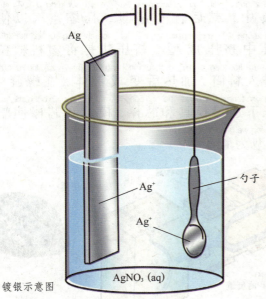

电池

Ag

Ag⁺

勺子

Ag⁺

$AgNO_3$ (aq)

→ 镀银示意图

电镀

电镀就是用电解法在金属表面沉积一层金属或合金，以防止腐蚀，提高耐磨性、导电性等。塑料、半导体、陶瓷等非金属表面，经过适当处理形成导电层后，也可以进行电镀，这类制品在生活中已被广泛使用。

轻便的塑料

^{huó zhōng cóng xiāng zi}
生 活中从箱子、瓶子到电脑、家具，几乎任何物品都
^{kě yòng sù liào zhì zào　　sù liào bú xiàng mù cái zhī lèi de chuántǒng cái liào　tā}
可用塑料制造。塑料不像木材之类的传统材料，它
^{kě yǐ zuò chū zhì dì tè shū de dōng xi　　lì rú jù yǒu tè shū qiáng dù huò tán xìng de}
可以做出质地特殊的东西，例如具有特殊强度或弹性的
^{wù pǐn　sù liào zhì pǐn yě kě yǐ chéngxiàn chū gè zhǒng bù tóng de sè cǎi}
物品。塑料制品也可以呈现出各种不同的色彩。

塑料的制造

^{shēngchǎn sù liào zhì pǐn de fāng fǎ zhǔ yào yǒu liǎngzhǒng　fēn bié wéi}
生产塑料制品的方法主要有两种，分别为
^{chuī sù fǎ hé jǐ yā fǎ　chuī sù fǎ jiù shì xiānjiāng jiā rè hòu de sù liào}
吹塑法和挤压法。吹塑法就是先将加热后的塑料
^{fàng jìn mú jù zhōng　rán hòu hé shàng mú jù　yā suōkōng qì yǐ shǐ sù}
放进模具中，然后合上模具，压缩空气以使塑
^{liào zài mú jù zhōng jǐ yā chéngxíng　jǐ yā fǎ shì jiāng sù liào kē lì jīng}
料在模具中挤压成型。挤压法是将塑料颗粒经
^{guò liào dǒu jìn rù liào tǒng　jiā rè hòu biànchéng yè tǐ　zài luó xuánzhuāng}
过料斗进入料筒，加热后变成液体，在螺旋装
^{zhì de jǐ yā xià tōngguò mú jù hé xīn bàng　mú jù hé xīn bàng shǐ sù liào}
置的挤压下通过模具和芯棒，模具和芯棒使塑料
^{chéngxíng wéi guǎn zi}
成型为管子。

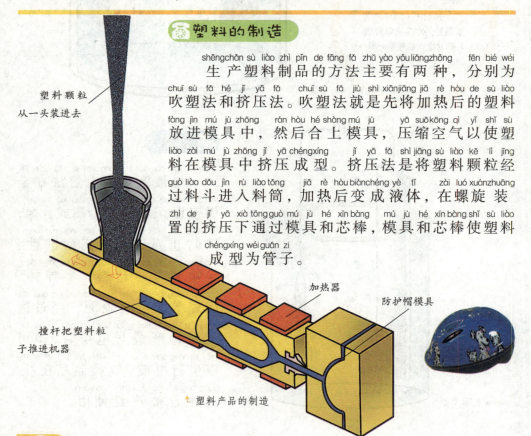

塑料颗粒
从一头装进去

撞杆把塑料粒
子推进机器

加热器

防护帽模具

塑料产品的制造

合成树脂

hé chéng shù zhī shì rén gōng hé chéng de gāo fēn zǐ huà hé wù　tā zài shòu rè de shí hou huì biàn ruǎn
合成树脂是人工合成的高分子化合物，它在受热的时候会变软，

yīn cǐ jù yǒu hěn hǎo de kě sù xìng　　yì xiē hé chéng shù zhī cái liào jù yǒu hěn hǎo de guāng xué tè xìng
因此具有很好的可塑性。一些合成树脂材料具有很好的光学特性，

kě yǐ yòng lái zhì zuò yǒu jī bō li huò zhě jìng piàn
可以用来制作有机玻璃或者镜片。

小档案

塑料其实是合成树脂中的一种，形状跟天然树脂中的松树脂相似。

↑ 有机玻璃镜片

能导电的塑料

yǒu yì zhǒng kù sì jīn shǔ de sù liào　　shì yì zhǒng fù hé
有一种酷似金属的塑料，是一种复合

xíng dǎo diàn gāo fēn zǐ cái liào　tā shì yòng jù yǐ xī　jù bǐ
型导电高分子材料。它是用聚乙烯、聚吡

luò　jù sāi fēn　jù běn àn děng gāo fēn zǐ jù hé wù de sù
咯、聚噻吩、聚苯胺等高分子聚合物的塑

liào chān zá mǒu zhǒng lí zǐ　tōng guò tè shū de chǔ lǐ hé fǎn yìng
料掺杂某种离子，通过特殊的处理和反应

ér chéng de　jiān yǒu dǎo tǐ hé sù liào de yōu diǎn
而成的，兼有导体和塑料的优点。

塑料的回收

suí zhe lā jī wèn tí de rì
随着垃圾问题的日

yì jiān ruì　　rú hé chǔ lǐ fèi sù
益尖锐，如何处理废塑

liào yǐ chéng wéi yí xiàng guān jiàn de kè
料已成为一项关键的课

tí　　rén men zài xīn kāi fā de xì
题。人们在新开发的系

tǒng zhōng shǐ yòng le liàn yóu cuī huà
统中使用了炼油催化

jì　tā néng yǐ gāo chǎn liàng huí shōu
剂，它能以高产量回收

fèi sù liào zhì chéng rán liào yóu
废塑料制成燃料油。

↗ 塑料玩具

透明的玻璃

玻璃是将石英砂、石灰石、纯碱加热至熔融，经过冷却、固化而形成的一种非结晶性和无定形状态的无机物。由于配方不同，玻璃有许多种。在人们现在的生活中，玻璃也起着越来越重要的作用。

古埃及玻璃器皿

火山的作品

玻璃是一种熔融时形成连续网络结构，冷却过程中黏度逐渐增大并硬化而不结晶的硅酸盐类非金属材料。玻璃最初由火山喷出的酸性岩凝固而取得。

埃及人的发明

相传早在五六千年前，古埃及人就发现了玻璃。约公元前3700年，古埃及人已经可以制造出玻璃装饰品和简单的玻璃器皿，但当时只有有色玻璃。

平板玻璃

最古老的平板玻璃是把熔化的玻璃注入平整的泥模做成的。1884年，英国的钱斯兄弟发明了新的平板玻璃工艺，他们将熔化的玻璃液体倒在倾斜的平面上，并用一对碾子在上面碾压，然后再将这些玻璃磨光。

▲ 平板玻璃多用在门窗上。

→变色玻璃是在普通玻璃中加入了适量的溴化银和氧化铜的微晶粒。当强光照射时，溴化银分解为银和溴，分解出的银的微小晶粒使玻璃呈现暗棕色。当光线变暗时，银和溴在氧化铜的催化作用下，重新生成溴化银，于是，镜片的颜色又变浅了。

小档案

玻璃的成分主要是二氧化硅，而二氧化硅是很难自然分解的，在自然环境下，需要100万年的时间。

钢化玻璃

钢化玻璃是用普通平板玻璃或浮法玻璃加工处理而成的。普通平板玻璃要求用特选品或一等品；浮法玻璃要求用优等品或一级品。它的抗弯强度是普通玻璃的3～5倍，耐急冷急热性质是普通玻璃的2～3倍。

▲ 钢化玻璃

古老的陶瓷

矿石在烈火中煅烧，可以炼成钢铁。泥土在火焰中燃烧会产生什么？多数人会回答是砖，其实泥土在更早的时期主要是烧制陶器和瓷器。人们在劳动中学会了制作陶器，为生产和生活带来了方便。

陶器

陶器是用黏土捏制成型晾干后，用火烧出来的，是泥与火的结晶。从河北省阳原县泥河湾地区发现的旧石器时代晚期的陶片来看，中国陶器的产生距今已有11 700多年的悠久历史。

▶ 中国的瓷器制作有着悠久的历史。青瓷作为瓷器的代表在三国时期已经形成。

小档案

陶器的烧制温度在600℃～900℃，而瓷器的温度在1200℃左右。

瓷器

瓷器是中国劳动人民对世界文化的重大贡献。在公元前16世纪的商代，中国就出现了早期的瓷器。但是瓷器原料与陶器不同，瓷器烧制原料是富含石英和绢云母等矿物质的瓷石、瓷土或高岭土，烧制温度也高于陶器。

唐三彩

唐三彩是一种盛行于唐代的陶器，以黄、褐、绿为基本釉色（有时也会有天蓝、褐红、茄紫等颜色），后来人们习惯地把这类陶器称为"唐三彩"。常见的出土唐三彩陶器有三彩马、骆驼、仕女、乐伎俑、枕头等。

↑唐三彩骆驼载乐俑

彩色陶瓷

色彩鲜艳的物品总是受到人们的喜爱，陶瓷制品也是一样，但并不是所有的陶瓷制品都是越鲜艳越好。色彩鲜艳的陶瓷含有的金属添加剂多，做餐具的话，还是选择素淡一些的陶瓷更健康和安全。

↑中国"四大名陶"：宜兴紫砂陶、钦州坭兴陶、重庆荣昌陶和云南建水陶。

↑生活中瓷品无处不见，如酒店用品、家居用品、有价值的收藏品、作为陈设配饰的摆件品等。

金属陶瓷

人们将一些金属细粉放在了黏土里烧制出的金属陶瓷，能够抵挡5 000℃的高温。金属陶瓷不仅用在了火箭的外壳上，还可以用来切割金属。

染料和颜料

大 自然的色彩斑斓使得人类天生具有对色彩的爱好，因此人类用染料和颜料来渲染自己多彩的生活空间。从衣着、饰品到汽车、建筑，处处都有颜料和染料的身影，这些染色品已经成了我们生活中不可缺少的用品。

染料

染料是能够溶解于水的染色剂，能进入纤维的每一个角落和缝隙，并通过化学反应与织物纤维紧密结合。

↑ 染料

染料的分类

染料分为天然染料和合成染料两大类。天然染料分植物染料，如茜素、靛蓝等；动物染料，如胭脂虫等。合成染料又称人造染料，主要从煤焦油分馏出来（或石油加工）经化学加工而成，俗称"煤焦油染料"。

天然染料与合成染料

tiān rán rǎn liào yǔ shēng tài huán jìng de xiāng róng xìng hǎo
天然染料与生态环境的相容性好，

kě shēng wù jiàng jiě   ér qiě dú xìng
可生物降解，而且毒性

jiào dī   shēng chǎn zhè xiē rǎn liào de yuán liào shǔ yú kě
较低，生产这些染料的原料属于可

zài shēng zī yuán   ér hé chéng rǎn liào de yuán liào shì shí
再生资源。而合成染料的原料是石

yóu hé méi tàn   zhè xiē zī yuán bù kě zài shēng   xiāo
油和煤炭，这些资源不可再生，消

hào kuài   yīn cǐ   kāi fā tiān rán rǎn liào yǒu lì yú
耗快。因此，开发天然染料有利于

bǎo hù zì rán zī yuán hé shēng tài huán jìng
保护自然资源和生态环境。

▲ 颜料

颜料

yán liào shì kě yǐ shǐ wù tǐ bèi rǎn shàng yán sè de wù
颜料是可以使物体被染上颜色的物

zhì   tā jù yǒu kě róng xìng hé bù kě róng xìng de qū bié
质。它具有可溶性和不可溶性的区别，

yě yǒu wú jī hé yǒu jī de qū bié   yán liào de shǐ yòng cóng
也有无机和有机的区别。颜料的使用从

yuǎn gǔ shí qī jiù kāi shǐ le   dāng shí rén men cháng shì yòng
远古时期就开始了，当时人们尝试用

mó suì de cǎi sè bèi ké lái zuò yán liào huì huà
磨碎的彩色贝壳来做颜料绘画。

▶ 油漆

油漆

yóu qī kào yán liào zhuó sè   dàn tā xū yào yì zhǒng
油漆靠颜料着色，但它需要一种

róng jì shǐ yóu qī yì yú liú dòng   hái xū yào yì zhǒng bèi
溶剂使油漆易于流动，还需要一种被

chēng zuò nián hé jì de huà xué wù pǐn shǐ yán liào gù dìng dào
称作黏合剂的化学物品使颜料固定到

wèi   yóu qī zhōng shǐ yòng de róng jì yì bān wéi xiāng jiāo shuǐ
位。油漆中使用的溶剂一般为香蕉水，

tā yì huī fā   yǒu qiáng liè qì wèi
它易挥发，有强烈气味。

小档案

1857年，英国人威廉·珀金建立了生产苯胺染料的工厂，成为合成染料工业的开拓者。

生命的起源

生命何时、何处，特别是怎样起源的问题，是现代自然科学尚未完全解决的重大问题。随着认识的不断深入和各种不同的证据的发现，人们对生命起源的问题有了更深入的研究。

起源于神

神造说认为地球上的各种生物都是由神创造出来的。这个假说是在科学产生以前，由于人类对世界认识的不充足而提出的。不过从这个假说也能够看出人类早期对生命的探知和思考。

◄ 原始海洋中的生命迹象

起源于自然

自然发生说又被称为"自生论"，认为生物可以随时由非生物产生，或者由另一些截然不同的物体产生。中世纪时就有人认为，树叶落入水中变成鱼，落在地上则变成鸟。

起源于化学

huà xué qǐ yuánshuō shì bèi guǎng dà xué zhě pǔ biàn jiē shòu de shēngmìng qǐ yuán jiǎ shuō　zhè yì jiǎ shuō
化学起源说是被广大学者普遍接受的生命起源假说。这一假说
rèn wéi　dì qiú shang de shēngmìng shì zài dì qiú wēn dù zhú bù xià jiàng yǐ hòu　zài jí qí màncháng de shí
认为，地球上的生命是在地球温度逐步下降以后，在极其漫长的时
jiān nèi　yóu fēi shēngmìng wù zhì jīng guò jí qí fù zá de huà xué guòchéng　yí bù yí bù de yǎn biàn ér
间内，由非生命物质经过极其复杂的化学过程，一步一步地演变而
chéng de
成的。

起源于宇宙

yǔ zhòushēngmìng lùn rèn wéi
宇宙生命论认为
dì qiú shang zuì chū de shēng wù lái
地球上最初的生物来
zì bié de xīng qiú huò yǔ zhòu de
自别的星球或宇宙的
pēi zhǒng　　tā men kě yǐ tōng
"胚种"，它们可以通
guòguāng yā huò yǔn shí ér dào dá
过光压或陨石而到达
dì qiú　　zhèzhǒng jiǎ shuō zài 19
地球。这种假说在 19
shì jì shí céng jīng hěn liú xíng　zhì
世纪时曾经很流行，至
jīn hái yǒushǎoshù kē xué jiā zài jiān
今还有少数科学家在坚
chí
持。

有些人认为生命产生于彗星，在彗星或陨石撞击地球时，这些
有机分子经过一系列的合成而产生新的生命。

小档案

1859 年，达尔文
《物种起源》一书的问
世，为人类揭示生命起
源这一千古之谜带来
了一丝曙光。

起源于自身

shēngyuán lùn rèn wéishēng wù bù néng zì rán fā shēng　zhǐ néngyóu qí qīn dài chǎnshēng　　shì jì
生源论认为生物不能自然发生，只能由其亲代产生。17 世纪
yì dà lì yī shēng léi dí shǒuxiānyòng shí yànzhèngmíng fǔ ròu bù néng zì rán shēng qū　qū shì cāngyíngchǎn
意大利医生雷迪首先用实验证明腐肉不能自然生蛆，蛆是苍蝇产
luǎn hòu fū huà chū lái de　bù guòshēngyuán lùn bìngméi yǒu huí dá zuì chū de shēngmìng shì zěnyàngxíngchéng de
卵后孵化出来的。不过生源论并没有回答最初的生命是怎样形成的。

生物的进化

shēng wù jìn huà shì zhǐ yí qiè shēngmìngxíng tài fā shēng fā zhǎn de yǎn biàn guòchéng
生物进化是指一切生命形态发生、发展的演变过程。
jìn huà yì cí lái yuán yú lā dīng wén yuán yì wéi zhǎn kāi yì bān
"进化"一词来源于拉丁文，原意为"展开"，一般
yòng yǐ zhǐ shì wù de zhú jiàn biàn huà hé fā zhǎn shēng wù bú huì yì zhí bǎo chí yuán lái
用以指事物的逐渐变化和发展。生物不会一直保持原来
de yàng zi zài hěn duō nián qián tā mencóng bù tóng de xíng tài jìn huà dào jīn tiān de yàng zi
的样子，在很多年前它们从不同的形态进化到今天的样子。

达尔文的进化论

↞ 达尔文

nián dá ěr wén zài tā zhuàn xiě
1859 年，达尔文在他撰写
de wù zhǒng qǐ yuán li chǎnshù le jìn huà
的《物种起源》里阐述了进化
lùn tā shǒu cì xiàng rén lèi gōu huà chūshēngmìng
论。他首次向人类勾画出生命
yóu jiǎn dān dào fù zá yóu dī jí xiànggāo jí
由简单到复杂、由低级向高级
fā zhǎn de tú shì wèishēngmìng kē xué de yán
发展的图式，为生命科学的研
jiū hé fā zhǎndiàndìng le kē xué jī chǔ hòu
究和发展奠定了科学基础。后
lái yòu zài rén lèi qǐ yuán yì shū zhōng tí
来又在《人类起源》一书中提
chū rén lèi qǐ yuán yú yuǎn gǔ língzhǎng lèi dòng wù
出人类起源于远古灵长类动物
de guāndiǎn
的观点。

人类的祖先

rén shì cóng gǔ dài de lèi rén yuán jìn huà ér lái de   dàn shì   bú shì suǒ yǒu yuán dōu shì rén lèi de
人是从古代的类人猿进化而来的。但是，不是所有猿都是人类的

zǔ xiān   rén lèi zhǐ shì cóng yí bù fen yuán lèi jìn huà lái de   wàn nián qián   rén lèi dà nǎo zhǐ yǒu
祖先。人类只是从一部分猿类进化来的。200万年前，人类大脑只有

xiàn zài rén lèi de yí bàn   ér kē xué jiā yě dà dǎn de tuī cè wèi lái   wàn   wàn nián zhī hòu
现在人类的一半，而科学家也大胆地推测未来100万～200万年之后，

rén lèi de dà nǎo jiāng jì xù jìn huà   jì xù biàn dà
人类的大脑将继续进化，继续变大。

→ 人类进化示意图

适者生存

dá ěr wén de lùn shù zhōng qiáng diào le   zì rán xuǎn zé   shì zhě shēng cún   de dào lǐ   kǒng lóng
达尔文的论述中强调了"自然选择，适者生存"的道理。恐龙

miè wáng hé rén lèi zhǔ zǎi dì qiú dōu shì shì yìng le zhè gè dào lǐ   zài yí gè wù zhǒng shang kàn   bù cháng
灭亡和人类主宰地球都是适应了这个道理。在一个物种上看，不常

yòng de bù fen huì màn màn tuì huà   bǐ rú wǒ men de wěi ba dōu méi yǒu le   zhǐ bǎo liú yì xiǎo duàn wěi gǔ
用的部分会慢慢退化，比如我们的尾巴都没有了，只保留一小段尾骨。

▲ 原始人类的生存方式

小档案

科学家开始了解
生物的进化规律以后，
就可以人为地改变生
物的进化方式。

生物的分类

生物分类是研究生物的一种基本方法，它主要是根据生物的相似程度把生物划分为不同的等级。科学家将生物界按照特点划分成了五大部分：植物界、动物界、真菌界、原核生物界和原生生物界。

植物界的生物

植物界的生物通常都会利用光合作用获取阳光中的能量制造养料。植物界的成员不仅生活在陆地上，有些也生活在海洋里。比如海莲、红树、海带等。

→ 海洋中的动物和植物

动物界的生物

动物是生物界中的一大类。动物一般不能将无机物合成为有机物，只能以有机物为食物，例如植物、动物或微生物。动物具有与植物不同的形态结构和生理功能，以进行摄食、消化、吸收、呼吸、循环、排泄、感觉、运动和繁殖等生命活动。

🐚 真菌界的生物

zhēn jūn jiè de shēng wù kào xī shōu qí tā shēng wù suǒ chǎn shēng de wù zhì wéi shēng yǒu xiē zhēn jūn hěn
真菌界的生物靠吸收其他生物所产生的物质为生。有些真菌很

wēi xiǎo rú yòng yú miàn fěn fā jiào de jiào mǔ jūn yǒu xiē zhēn jūn bèi wǒ men dàng zuò shí wù bǐ rú dōng
微小，如用于面粉发酵的酵母菌；有些真菌被我们当作食物，比如冬

gū cǎo gū mù ěr yún ěr děng
菇、草菇、木耳、云耳等。

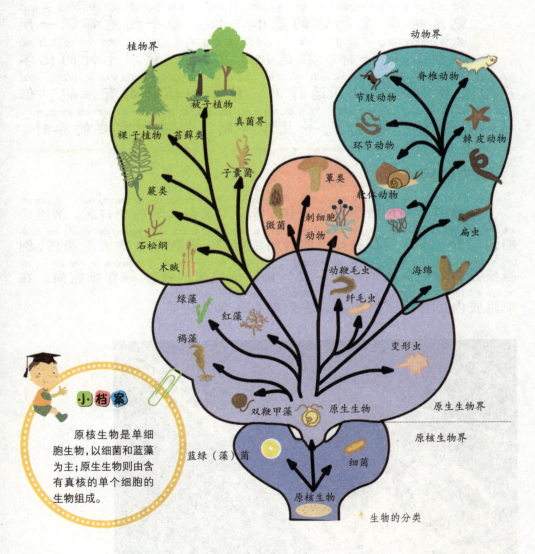

植物界

动物界

被子植物

真菌界

脊椎动物

节肢动物

裸子植物　苔藓类

环节动物

棘皮动物

子囊菌

软体动物

蕨类

菌类

刺细胞动物

扁虫

石松纲

动鞭毛虫

海绵

木贼

纤毛虫

绿藻

红藻

褐藻

变形虫

小档案

原核生物是单细胞生物，以细菌和蓝藻为主；原生生物则由含有真核的单个细胞的生物组成。

双鞭甲藻　原生生物

原生生物界

- - - - - - - - - -

原核生物界

蓝绿（藻）菌

细菌

原核生物

生物的分类

生命的基础

细胞是构成生物体的基本单位。每个细胞都像一座微型工厂一样，在这座工厂里，数以千计的化学反应在精心的控制下运作着。植物和动物都有细胞，但植物细胞有一层厚壁，并且能够制造自身所需要的养料。

动物的细胞

动物细胞内包含了很多液体，像一只又湿又软的小口袋。细胞外围包围着一层薄而具有弹性的透明细胞膜。细胞的中央有细胞核，细胞核控制着细胞内的一切活动。包围细胞核的液体称作细胞质。在细胞质内还有很多细胞器，它们都有各自的职能。

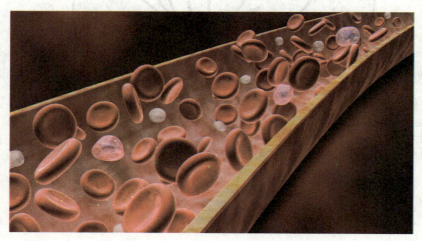

◆ 红细胞

植物的细胞

植物细胞和动物细胞不同，细胞壁很厚，包围在细胞膜外面。植物细胞含有一种叶绿体的细胞器，植物的绿色就是来自于这个叶绿体。大多数植物细胞都有很大的液泡，是细胞的储藏室。

细胞有多大

大多数动物细胞的直径在 10 微米~20 微米之间，植物细胞略大些。最小的独立生存的细胞是一种叫作"支原体"的微生物，其直径是 1/10 000 毫米。卵细胞是大型细胞，鸵鸟卵细胞达 25 厘米。

↑ 卵细胞是最大的细胞。蛋是由单个的卵细胞分裂而来的。

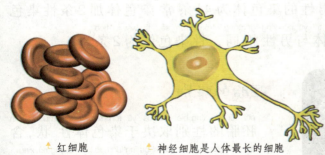

↑ 红细胞　　↑ 神经细胞是人体最长的细胞

细胞的功能

不论是动物还是植物，每种细胞都有自己特定的工作。脂肪细胞存储脂肪，神经细胞游走于人体各部分传递信息，红血球输送氧气，白细胞则是健康的卫士。

细胞核

细胞核是细胞指挥中心，控制着细胞的运作。它包含的脱氧核糖核酸（DNA）分子的化学指令会指挥细胞行动。脱氧核糖核酸以很长的双链结构向外伸展，也是控制遗传的主要因素。

种瓜得瓜

<ruby>生<rt></rt></ruby>物的遗传和变异是通过生殖和发育来实现的，是不可分离的两个方面。生物从上一代获得遗传物质，保证生物的特征经久不变；在遗传过程中又不断进行变异，使生物不断地向前进化。

遗传的载体

对于遗传来说，染色体就像是一个遗传信息的史书和运输工具，详细记载着遗传信息。男性的染色体为44条常染色体加2条性染色体X和Y。女性的常染色体与男性相同，性染色体为2条X。

胚胎的性别

胚胎的性别取决于染色体性状，含有一对X染色体的受精卵发育成女性，而具有一条X染色体和一条Y染色体者则发育成男性。

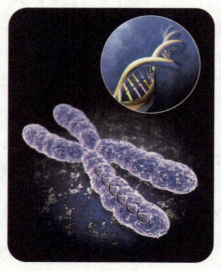

← 染色体

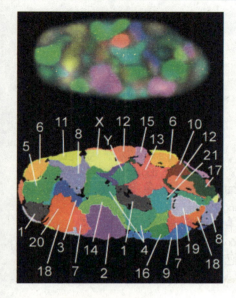

染色体具有一定的形态和结构

染色体异常

rú guǒ yí gè shēng wù de rǎn sè tǐ zài xíng tài jié
如果一个生物的染色体在形态结
gòu huò shù liàngshangchǎnshēng yì cháng jiù bèi chēng wéi rǎn
构或数量上产生异常，就被称为染
sè tǐ yì cháng yóu rǎn sè tǐ yì cháng yǐn qǐ de jí bìng
色体异常，由染色体异常引起的疾病
wéi rǎn sè tǐ bìng yǐn qǐ rǎn sè tǐ yì cháng de yuán yīn
为染色体病。引起染色体异常的原因
hěn duō xiàngqiángdiàn cí fú shè huà xué wù pǐn jiē chù
很多，像强电磁辐射、化学物品接触、
wēi shēng wù gǎn rǎn shēng yù nián líng piān dà hé yí chuán
微生物感染、生育年龄偏大和遗传
děng dōu yǒu kě néng shǐ hòu dài huànshàng rǎn sè tǐ bìng
等，都有可能使后代患上染色体病。

变异的类型

biàn yì fēn liǎng dà lèi jí kě yí chuánbiàn yì yǔ bù kě
变异分两大类，即可遗传变异与不可
yí chuánbiàn yì xiàn dài yí chuánxué biǎomíng bù kě yí chuánbiàn
遗传变异。现代遗传学表明，不可遗传变
yì yǔ jìn huà wú guān yǔ jìn huà yǒu guān de shì kě yí chuánbiàn
异与进化无关，与进化有关的是可遗传变
yì qián zhě yóu yú huán jìng biàn huà ér zàochéng bù huì yí chuán
异，前者由于环境变化而造成，不会遗传
gěi hòu dài
给后代。

白化病

hěn duōdòng wù yōngyǒu yǔ zhòng bù tóng de bái sè wài biǎo
很多动物拥有与众不同的白色外表，
zhè shì yì zhǒngjiào zuò bái huà bìng de jī yīn jí bìng zhè ge
这是一种叫作白化病的基因疾病，这个
bìng shì yóu yú jī yīn tū biàn dǎo zhì pí fū sè sù chū xiàn
病是由于基因突变，导致皮肤色素出现
quē xiàn cóng ér biǎo xiàn wéi pí fū máo fà děng de sè sù
缺陷，从而表现为皮肤、毛发等的色素
quē fá
缺乏。

白孔雀和其他的白老虎、白狮子一样，都是"白化儿"，就是父母均带有不正常的白色隐性等位基因。

细菌和病毒

　　kōng qì zhōng　　dà dì shang　　hǎi yáng li　　zhí wù　　dòng wù　　shèn zhì wǒ men
在 空气中、大地上、海洋里，植物、动物，甚至我们
　de shēn tǐ　li dōu cún zài zhe xì jūn　　xì jūn yǒu hěn duō zhǒng lèi　　yǒu xiē yǒu
的身体里都存在着细菌。细菌有很多种类，有些有
hài yǒu xiē yǒu yì　　bìng dú hé xì jūn bù yí yàng　　bìng dú gòu zào jiǎn dān　　bù néng
害有些有益。病毒和细菌不一样，病毒构造简单，不能
dú lì cún huó　　xū yào jì shēng zài qí tā xì bāo zhōng
独立存活，需要寄生在其他细胞中。

微小的细菌细胞

　　diǎn xíng de xì jūn xì bāo yào bǐ dòng wù xì bāo xiǎo　　　bèi zuǒ yòu　　zhǐ yǒu yòng diàn zǐ xiǎn wēi
　　典型的细菌细胞要比动物细胞小 1 000 倍左右，只有用电子显微
jìng cái néng kàn qīng chǔ　　xì jūn zhǔ yào yóu xì bāo bì　　xì bāo mó　　xì bāo zhì　　hé zhì tǐ děng bù fen
镜才能看清楚。细菌主要由细胞壁、细胞膜、细胞质、核质体等部分
gòu chéng　　yǒu de xì jūn hái yǒu jiá mó　　biān máo　　jūn máo děng tè shū jié gòu
构成，有的细菌还有荚膜、鞭毛、菌毛等特殊结构。

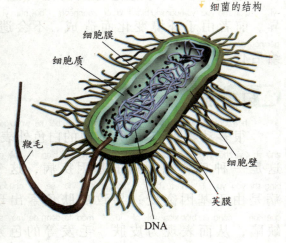

▼ 细菌的结构

细胞膜

细胞质

鞭毛

细胞壁

荚膜

DNA

▲ 借助显微镜观察到的细菌形态

独特的繁殖方式

xì jūn de fán zhí fāng shì bǐ jiào
细菌的繁殖方式比较
qí tè zhǔ yào shì yǐ yì fēn wéi èr
奇特，主要是以一分为二
de fāng shì fán zhí mǒu xiē xì jūn chǔ
的方式繁殖。某些细菌处
yú bú lì de huán jìng huò hào jìn yíng
于不利的环境，或耗尽营
yǎng shí xíng chéng nèi shēng bāo zǐ
养时，形成内生孢子，
yòu chēng yá bāo zhè xiē bāo zǐ jí
又称芽孢。这些孢子即
shǐ zài nián hòu réng yǒu
使在500～1000年后仍有
huó lì
活力。

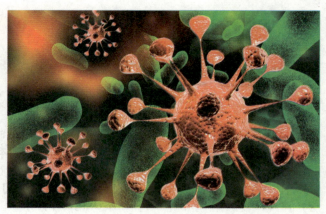

▶病毒

小档案

人体里寄生着大
量细菌，不仅对人体无
害，还会帮助人体新陈
代谢。

不是细胞的病毒

bìng dú bú shì xì bāo yě bú shì xì jūn tā men méi yǒu wán
病毒不是细胞也不是细菌，它们没有完
zhěng de xì bāo jié gòu gè tǐ wēi xiǎo hán yǒu dān yī hé suān
整的细胞结构，个体微小，含有单一核酸。
bìng dú shì bì xū zài huó xì bāo nèi jì shēng bìng fù zhì de fēi xì
病毒是必须在活细胞内寄生并复制的非细
bāo xíng wēi shēng wù
胞型微生物。

容易传播的病毒

rú guǒ yí gè rén gǎn mào le gǎn mào bìng dú huì
如果一个人感冒了，感冒病毒会
shǐ tā liú bí tì dāng zhè ge rén dǎ pēn tì de shí hou
使他流鼻涕。当这个人打喷嚏的时候，
hán yǒu chéng bǎi wàn gè bìng dú de wēi dī sàn bù zài kōng qì
含有成百万个病毒的微滴散布在空气
zhōng fù jìn de rén xī jìn yì xiē zhè yàng de bìng dú wēi
中，附近的人吸进一些这样的病毒微
dī jiù yǒu bèi chuán rǎn gǎn mào de kě néng
滴，就有被传染感冒的可能。

▲ 流感的传染性很强，容易引起暴发性流行。

基因工程

基因是生命体最根本的信息载体，它决定了一个生命体甚至一个物种的发展方向。我们将携带有遗传信息的DNA或RNA序列称作基因，它是控制性状的基本单位。

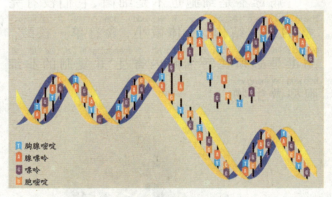

胸腺嘧啶
腺嘌呤
鸟嘌呤
胞嘧啶

基因工程的发展，使人类有可能按照自己的意愿对生物体的基因进行修改，以满足人类更多的需要。

生物工程的体系

生物工程包括能创造新物种的遗传工程、能使生物变大变小的细胞工程、能使生物反应刹那间完成的酶工程、微生物工程、蛋白质工程和生化工程。

细胞工程

人们把在细胞和亚细胞水平上的遗传操作，即通过细胞融合、核质移植、染色体或基因移植以及组织和细胞培养等方法，快速繁殖和培养出所需要的新物种的技术称为"细胞工程"。

酶工程

méi shì shēng wù tǐ nèi chǎn shēng de yǒu cuī huà néng
酶是生物体内产生的、有催化能
lì de dàn bái zhì shì shēng mìng de cuī huà jì méi gōng
力的蛋白质，是生命的催化剂。酶工
chéng zhǔ yào shì cóng dòng zhí wù hé wēi shēng wù zhōng tí
程主要是从动、植物和微生物中提
qǔ fēn lí chún huà zhì zào gè zhǒng méi zhì jì yǐ
取、分离、纯化制造各种酶制剂，以
jí zhì zào jīng xì huà gōng pǐn yī yào yòng pǐn huán jìng
及制造精细化工品、医药用品、环境
bǎo hù děng
保护等。

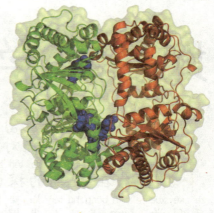

酶的结构

微生物工程

wēi shēng wù gōng chéng shì dà guī mó fā jiào shēng chǎn gōng yì de zǒng chēng yǔ huà xué gōng yè yī
微生物工程是大规模发酵生产工艺的总称，与化学工业、医
yào shí pǐn néng yuán huán jìng bǎo hù hé nóng mù yè děng xǔ duō lǐng yù guān xì mì qiē fā jiào zài jǐ
药、食品、能源、环境保护和农牧业等许多领域关系密切。发酵在几
qiān nián qián jiù bèi rén lèi rèn shi le bìng qiě yòng lái zhì zào jiǔ miàn bāo děng
千年前就被人类认识了，并且用来制造酒、面包等。

美味的葡萄酒就是利用微生物发酵制造出来的。

小档案

蛋白质工程是改造天然蛋白质分子的结构，获得具有新的生物学功能的蛋白质分子的技术。

地质科学

自古以来，人们就对我们生存的地球进行了不断的探索，在长期的探索中逐渐形成了一门科学——地质科学，它帮助人类揭开了地球的许多秘密。

地质科学研究什么

地质科学是一门复杂的学科，它的研究范围十分广泛。比如，地球的物质组成、内部构造、外部特征和演变历史等都是地质学研究的课题。

通过卫星测量，人们已发现地球并不是完全的球体，上面有许多不规则的地方。

小档案

地球的平均半径为 6 371 千米，其核心可能是以铁、镍为主的金属。

地质科学的重要性

研究地质科学不仅可以使我们了解人类的生存环境，还可以根据地质知识探测更多的资源，并且更好地利用和保护这些资源。

地球的内部结构

kē xué jiā tōng guò yán jiū dì zhèn bō huǒ shān bào fā děng tàn cè chū le dì qiú de nèi bù jié
科学家通过研究地震波、火山爆发等，探测出了地球的内部结

gòu dì qiú de wài céng shì dì qiào jǐn jiē zhe xiàng lǐ fēn bié wéi dì màn hé dì hé tā men jiù xiàng
构。地球的外层是地壳，紧接着向里分别为地幔和地核，它们就像

jī dàn de dàn ké dàn qīng hé dàn huáng
鸡蛋的蛋壳、蛋清和蛋黄。

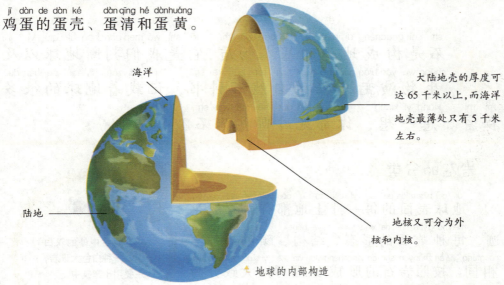

海洋

陆地

大陆地壳的厚度可
达 65 千米以上，而海洋
地壳最薄处只有 5 千米
左右。

地核又可分为外
核和内核。

▲ 地球的内部构造

未来的发展

zài wèi lái dì zhì xué de yán
在未来，地质学的研

jiū fàn wéi hé lǐng yù jiāng rì yì kuò dà
究范围和领域将日益扩大，

bìng qiě huì yǔ shù xué wù lǐ xué huà
并且会与数学、物理学、化

xué děng xué kē jié hé de gèng jǐn mì
学等学科结合得更紧密。

xiāng xìn dào nà shí rén men kě yǐ gèng
相信到那时，人们可以更

quán miàn de liǎo jiě dì qiú de gòu zào hé
全面地了解地球的构造和

lì shǐ
历史。

→ 地壳运动引起的海啸。海啸是危害特
别大的灾难。

不同的岩石

岩石是构成地壳的基本物质，它是我们判断地球以及生物演变过程的自然百科书，记载着地球的很多秘密。想一想，你都见过哪些岩石？

岩石的分类

地球表面的每一寸土地都有岩石的足迹，每种岩石的形态、结构、颜色都各不相同。按照岩石的形成原因可以大致分为三类：火成岩、沉积岩和变质岩。

小档案

闻名中外的汉白玉是一种白色大理岩，主要用于建筑中。

◀ 火成岩

火成岩

火成岩又叫岩浆岩，它是组成地壳的基本岩石。火成岩是由于地球内部的熔融岩浆在不同的地质条件下遇冷凝固而形成的。

沉积岩

沉积岩是由海里的动物外壳和泥沙碎屑堆积起来的。在堆积过程中，底部的沉积物被压扁，成为一层坚实的岩石层，随着时间的推移，上面逐渐生成新岩层。石灰岩就是一种沉积岩。

沉积岩中含有丰富的矿产，一直是考古学家研究的对象。

变质岩

在高温高压和矿物质的混合作用下，一种岩石可能会变质成为另一种岩石，这就是变质岩。变质岩是组成地壳的主要岩石类型之一，它的分布非常广泛，常见的变质岩有大理岩、板岩、片岩等。

澳大利亚的艾尔斯岩石是世界上最大的一块岩石，这块巨石还会随着一天时间的不同改变颜色，十分神奇。

化 石

化石可不是普通的石头，它是保留在岩石中长达数百万年的生物遗体、遗迹。可以说，化石是地球的一张名片，因为它"记载"着地球的环境和变迁。

☎ 动物化石

在动物化石中，最著名的当然是三叶虫化石和恐龙化石了，它们都是地球历史的见证，为古生物学家研究地球上生命的变迁提供了有力证据。

恐龙化石

小档案

生物体坚硬的部分才能形成化石，像贝类的外壳就容易形成化石。

🔖 **植物化石**

植物化石可以帮助科学家研究地质史上植物的种类、形态、结构及地理分布，还可以确定地质构造，推断古代气候等。

▲ 植物化石

🔖 **活化石**

地球上有些物种历经数千万年，但是它的生物体特征几乎没有进化和改变，这样的生物被称为"活化石"，例如鹦鹉螺、银杏等。

🔖 **琥珀**

琥珀是一种特殊的化石，它是地质时期中植物树脂经过石化作用形成的。琥珀里常含有昆虫、种子和其他包裹体，看上去十分漂亮。

↟ 外形美丽的鹦鹉螺化石

◂ 琥珀

气象科学

天气在我们的生活中扮演着十分重要的角色，它会影响我们做许多事情。人们在对天气的长期研究中，形成了一门独立的科学——气象科学。

各种天气现象

晴天、阴天、雾、雨雪、冰雹等都是我们常见的天气现象，每种现象的形成都有一定的科学原理。人们在掌握这些科学原理后，就可以准确地预测天气了。

小档案

如今，气象学的研究领域不断扩大，已扩展到了宇宙空间。

↑ 气象飞机

古代的气象研究

几千年前，人们就开始对天气现象进行研究了。相传我国在公元前三千多年的黄帝时代，就设有专人从事气象观测。北宋最著名的科学家沈括在《梦溪笔谈》中记载了许多天气现象。

↑气象预报可以准确预测到恶劣天气，减少损失。

↑气象与我们生活的地球有非常紧密的关系。

气象卫星

随着科技的发展，人们研制出了气象卫星。它是一种人造地球卫星，可以从高空对地球进行气象观测，为我们提供全球范围的气象观测资料。

研究气象的重要性

气象不仅影响到我们的日常生活，也会影响到农业、工业及交通等许多领域。因此，研究气象对我们来说是十分重要的，它可以帮助我们有效地预测天气，尽量减少因天气灾害而造成的损失。

天气预报

如果爸爸、妈妈要带你去某地旅行，就要先关注一下那里的天气情况，以便准备合适的行装。天气预报已成为人们生活中非常重要的一部分，为人类带来了很多方便。

天气预报的原理

现在，人们利用卫星拍摄云团的图像，然后再利用计算机计算云团在未来的运动，就可以准确地预报天气了。每天，我们都可以通过气象节目了解世界各地的天气。

▽ 高原上的气象站

小档案

当天气发生变化时，气压也会发生变化，因此测量气压可以预知天气变化。

天气符号

nǐ zhù yì dào le ma bō yīn yuán zài bō bào tiān qì de shí hou diàn shì píng mù shang yǒu yì xiē fú
你注意到了吗？播音员在播报天气的时候，电视屏幕上有一些符
hào zài bú duàn biàn huà zhe zhè xiē fú hào jiù shì tiān qì fú hào bù tóng de fú hào dài biǎo bù tóng de tiān
号在不断变化着，这些符号就是天气符号。不同的符号代表不同的天
qì lì yòng zhè xiē fú hào kě yǐ shí bié chū jiǎn dān de tiān qì qíng kuàng
气，利用这些符号可以识别出简单的天气情况。

↑ 天气预报中常见的气象符号

天气预报的分类

tiān qì yù bào kě yǐ fēn wéi duǎn shí yù bào duǎn qī yù bào zhōng qī yù bào hé cháng qī yù bào
天气预报可以分为短时预报、短期预报、中期预报和长期预报
děng jǐ lèi qí zhōng duǎn shí yù bào kě yǐ yù bào wèi lái xiǎo shí de tiān qì qíng kuàng duǎn qī
等几类。其中，短时预报可以预报未来1~6小时的天气情况；短期
yù bào zé kě yǐ yù bào wèi lái xiǎo shí de tiān qì qíng kuàng
预报则可以预报未来24~48小时的天气情况。

业余天气预报员

měi dāng tiān qì gǎi biàn shí yǒu yì xiē dòng wù jiù huì biǎo xiàn chū yì xiē tè shū de xíng wéi bǐ
每当天气改变时，有一些动物就会表现出一些特殊的行为。比
rú mǎ yǐ huì jí zhe bān jiā yàn zi huì dī fēi zhè xiē xíng wéi dōu biǎo shì yì chǎng dà yǔ yào lái
如，蚂蚁会急着搬家，燕子会低飞，这些行为都表示一场大雨要来
lín le
临了。

人工改变天气

在了解了天气变化的原理以后，人们开始尝试用一些人工的方法改变天气，比如人工降雨、驱散浓雾等，这些技术为我们的生活带来了很多方便。

干冰降温

干冰就是固态的二氧化碳，它是一种比冰更好的制冷剂，它能使空气里的水蒸气冷凝，变成水滴下降，这样空气的温度自然就降低了。

↑ 干冰

↑ 1933 年，文森特·谢弗与兰格缪尔一起投入到人工降雨的研究中，最终发明了干冰降雨法。

人工降雨

如果天气持续干旱的话，会严重影响农作物的产量。这时，人们通常利用从高空抛撒干冰和碘化银颗粒的方法，来制造人工降雨，从而减缓旱情。

驱散云层

yǒu shí hou chí xù de yīn yǔ tiān qì
有时候持续的阴雨天气

huì gěi wǒ men dài lái xǔ duō bú biàn zhè
会给我们带来许多不便，这

shí hou jiù xū yào zǔ zhǐ jiàng yǔ le mù
时候就需要阻止降雨了。目

qián rén men zhǔ yào tōng guò qū sàn yún céng
前，人们主要通过驱散云层

de bàn fǎ lái xiāo yǔ bú guò zhè kě
的办法来消雨，不过，这可

bǐ rén gōng jiàng yǔ yào kùn nan de duō
比人工降雨要困难得多。

➡ 浓云如果不及时散去，常会引发恶劣天气，所以必要时会采用人工驱散云层的方法。

小档案

美国物理化学家欧文·兰格缪尔是人工降雨的首创者。

▲ 干旱天气

未来的目标

mù qián yì xiē kē xué jiā zhèng zài cháng shì yòng yì xiē fāng fǎ gǎi biàn gān hàn tiān qì hé zǔ zhǐ jù
目前，一些科学家正在尝试用一些方法改变干旱天气和阻止飓

fēng de chǎn shēng suī rán zhè xiē mù biāo zàn shí hái wú fǎ shí xiàn dàn shì zài wèi lái de mǒu yì tiān zhè
风的产生。虽然这些目标暂时还无法实现，但是在未来的某一天这

xiē xiǎng fǎ yí dìng dōu kě yǐ shí xiàn
些想法一定都可以实现。

能量和能源

能量和能源对于我们来说，是两个不陌生的朋友，从我们出生那一刻起，它们就陪伴在我们身边了。无论是自然界还是我们本身，都蕴含着巨大的能量。

什么是能量

在物理学上，能量就是描写一个系统或者一个过程的量。说简单一些，无论是温暖的阳光、奔腾的流水，还是你提起书包所耗费的力气都是能量。

► 人体也蕴藏着无穷的能量。

► 有了能量，我们才能进行各种活动。

无处不在的能量

在我们的生活中，能量无处不在。食物中含有能量，人体里蕴藏着能量，自然界也有无穷无尽的能量，比如闪电、风和流水都是能量。

能源

néngyuán shì kě yǐ tí gōng gěi rén lèi suǒ xū de guāng　rè　dòng lì děng rèn hé xíng shì néngliàng de
能源是可以提供给人类所需的光、热、动力等任何形式能量的

zī yuán zài tǐ　bǐ rú　wēnnuǎn de yángguāng　zì rán jiè de tiě kuàng shí　zuò fàn yòng de tiān rán qì
资源载体，比如，温暖的阳光、自然界的铁矿石、做饭用的天然气

zhè yí qiè dōu shì néngyuán
……这一切都是能源。

> 在自然界中，能量是无处不在的。

↑ 如果没有电能，我们就无法获得人造光源。

小档案

电能是用途最广泛的一种能量，我们的生产和生活都离不开它。

不同的能源

gēn jù néngyuán lái yuán de bù tóng kě yǐ jiāng qí fēn wéi sì lèi　yí lèi shì yǔ tài yáng yǒu guān de néng
根据能源来源的不同可以将其分为四类：一类是与太阳有关的能

yuán　jí tài yángnéng　yí lèi shì yǔ dì qiú nèi bù yǒu guān de néngyuán　bǐ rú shí yóu　méi tàn　dì
源，即太阳能；一类是与地球内部有关的能源，比如石油、煤炭、地

rè　yí lèi shì yǔ tài yáng　yuè liang yǐn lì yǒu guān de néngyuán　rú cháo xī néng　yí lèi shì hé néng
热；一类是与太阳、月亮引力有关的能源，如潮汐能；一类是核能，

tā shì yǔ yuán zǐ hé fǎn yìng yǒu guān de néngyuán
它是与原子核反应有关的能源。

三大化石能源

煤、石油和天然气都是由于古代生物的尸体长期沉积地下，经过转化以及变质而形成的，它们在人们的生产和生活中发挥着重要作用，被称为"三大化石能源"。

煤炭

煤是一种用途很广泛的矿产，它是重要的燃料和化工原料，素有"工业粮食"之称。煤是一种不可再生的能源，而且储量有限，所以要合理开发和使用。

石油

石油是一种不可再生资源，它的颜色一般是黑色或棕黑色。石油的用途十分广泛，合成橡胶、洗衣粉、人造皮革、化肥等都是由石油产品加工而成的。

↑煤炭

📞 天然气

tiān rán qì shì yì zhǒng wú sè wú wèi wú dú de qì tǐ tā duì huán jìng zào chéng de wū rǎn
天然气是一种无色、无味、无毒的气体，它对环境造成的污染
yuǎn yuǎn xiǎo yú shí yóu hé méi tàn rú jīn tiān rán qì guǎn dào kě yǐ bǎ tiān rán qì shū sòng dào qiān jiā wàn
远远小于石油和煤炭。如今，天然气管道可以把天然气输送到千家万
hù shí fēn ān quán kuài jié
户，十分安全快捷。

↑ 天然气是日常生活中最重要的能源，做饭、取暖都离不开它。

小档案

人们利用石油可以加工出 5 000 多种重要的有机合成原料，如涤纶、腈纶等合成纤维。

📞 密不可分

shí yóu kuàng cáng wǎng wǎng hé tiān rán qì
石油矿藏往往和天然气
kuàng cáng gòng chǔ yí shì yīn cǐ dì zhì rén
矿藏共处一室。因此，地质人
yuán zài xún zhǎo shí yóu de shí hou rú guǒ fā
员在寻找石油的时候，如果发
xiàn le tiān rán qì kuàng cáng jiù kě yǐ zài fù
现了天然气矿藏，就可以在附
jìn xún zhǎo shì fǒu yǒu shí yóu
近寻找是否有石油。

→ 正在勘探石油的钻井，在它的帮助下，人类发现了众多石油资源。

自然能源

大自然蕴含着无穷无尽的能源。有些能源是取之不尽、用之不竭的，像太阳能、水能和风能。人们通过多种方式将这些能源加以利用，使它们更好地服务于人类。

↑太阳能

潜力巨大的太阳能

太阳能已经用于计算机、手表，以及发电站。它的潜力巨大，科学家们正在研究挖掘它，希望能早一天把太阳能全面利用起来。

可再生的水能

水能是一种可再生的能源，还是一种洁净的能源，因为它不污染空气，也不会产生有害废物。人们已经开始利用水力来发电，在一个典型的水力发电站中，水库中的水经泵压流进水力涡轮机，使涡轮机转动，涡轮机再带动发电机来发电。

风产生的风能

fēngnéng shì zhǐ liú dòng de fēng chǎn shēng de
风能是指流动的风产生的
néngliàng   fēngnéng kě yòng lái fā diàn   ér fēng
能量。风能可用来发电，而风
chē shì zuì zǎo lì yòngfēngnéng de jī xiè   rú
车是最早利用风能的机械，如
jīn fēng chē yǐ bèi fēng dòng wō lún jī suǒ qǔ dài
今风车已被风动涡轮机所取代。

小档案

核电厂的反应器
内有大量的放射性物
质，如果在事故中释放
到外界环境，会对生态
及民众造成伤害。

▼ 核电站

▲ 风力发电

特殊的核能

hé néng yě chēng yuán zǐ néng   tā shì yì zhǒng tè
核能也称原子能，它是一种特
shū de xīn néngyuán   yǒu jù dà de néngliàng   hé néng de
殊的新能源，有巨大的能量。核能的
lì yòng   jì néng wèi rén zào fú   yě néng gěi rén lèi dài
利用，既能为人造福，也能给人类带
lái jù dà zāi nàn   jī jí tuī jìn hé néng de hé píng lì
来巨大灾难。积极推进核能的和平利
yòng   shì rén lèi míng zhì zhī jǔ   rén lèi zhèng zài wèi cǐ
用，是人类明智之举，人类正在为此
ér nǔ lì
而努力。

奇妙的 X 射线

大多数原子核都很稳定，但也有一些核不稳定，并具有放射性。放射性可以是有用的，也可以是有害的，比如说：原子弹的放射性是有害的，而医生却可以借助放射线为病人治病。

放射性的来源

一些元素的原子核因为结构不稳定，因此处于激发状态，当它向稳定态变化的时候，就会释放出能量或者粒子，这就是放射性的来源。对于放射性原子核来说，它们会释放出 3 种性质不同的射线。原子核在放射中产生变化，称为衰变。

▶伦琴

X 射线的产生

最早发现 X 射线的是德国科学家伦琴，他在做阴极射线实验时无意间发现了 X 射线。当阴极射线轰击一些金属时，会释放出频率很高的电磁波，这些电磁波就是 X 射线。

神奇的本领

X射线最突出的本领就是具有较强的穿透性，它可以穿透人体软组织，但是却无法穿透骨骼，这就为医生研究骨骼变化提供了一项强大的工具。在今天，X射线还可以帮助医生判断病人的病情。

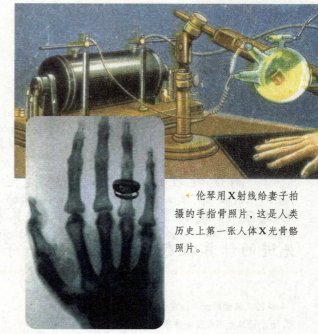

← 伦琴用X射线给妻子拍摄的手指骨照片，这是人类历史上第一张人体X光骨骼照片。

自然界的X射线

其实在伦琴发现X射线以前，X射线就存在于宇宙之中了，一些温度高达上百万摄氏度的气体就可以发出很强的X射线，这为科学家了解遥远星体的变化提供了很大的帮助。

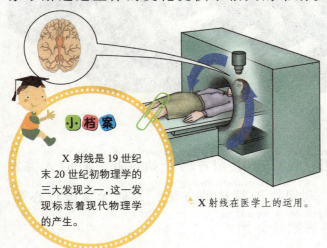

小档案

X射线是19世纪末20世纪初物理学的三大发现之一，这一发现标志着现代物理学的产生。

↑ X射线在医学上的运用。

X射线的科学意义

X射线不仅对医学和天文学有帮助，还对化学和分子生物学有帮助，借助X射线拍摄的图片，科学家们可以更直观地研究分子的结构。

计算机

计 算机俗称电脑，是一种能够按照程序运行，自动、高速处理海量数据的现代化智能电子设备。常见的形式有台式计算机、笔记本计算机、大型计算机等，较先进的计算机有生物计算机、光子计算机、量子计算机等。

→ 中国是算盘的故乡，在计算机已被普遍使用的今天，古老的算盘不仅没有被废弃，反而因它的灵便、准确等优点，在许多国家方兴未艾。

☎ 计算机的前身

要追溯计算机的发明，可以由中国古时开始说起，古时人类发明算盘去处理一些数据，利用拨弄算珠的方法，人们无须进行心算，通过固定的口诀就可以将答案计算出来。

计算机的诞生

1946 年 2 月 14 日，标志现代计算机诞生的 ENIAC（埃尼阿克）号在费城公之于世。虽然它还比不上今天最普通的微型计算机，但在当时它是运算速度的绝对冠军，而且运算的精确度和准确度也是史无前例的。

世界上第一台电子计算机被命名为"埃尼阿克"。

现代计算机

到了 20 世纪 80 年代，超大规模集成电路在芯片上容纳了几十万个元件，这种芯片使得计算机的体积和价格不断下降，而功能和可靠性不断增强。目前，计算机的应用已扩展到社会的各个领域。

小档案

软件是一系列按照特定顺序组织的计算机数据和指令的集合，它分为系统软件和应用软件。

计算机的应用已渗透到社会的各个领域，正在改变着人们的工作、学习和生活的方式，推动着社会的发展。

多媒体

<ruby>多<rt></rt></ruby><ruby>媒<rt>méi</rt></ruby><ruby>体<rt>tǐ</rt></ruby>是<ruby>计<rt>shì</rt></ruby><ruby>算<rt>jì</rt></ruby><ruby>机<rt>suàn</rt></ruby>和<ruby>视<rt>jī</rt></ruby><ruby>频<rt>hé</rt></ruby>技<ruby>术<rt>shì pín</rt></ruby>的<ruby>结<rt>jì shù de</rt></ruby>合，<ruby>实<rt>jié hé</rt></ruby>际上它是两个

媒体是计算机和视频技术的结合，实际上它是两个媒体：声音和图像，或者用现在的术语：音响和电视。近年来，多媒体技术已广泛应用于管理、教育、培训、公共服务、广告、文艺、出版等领域。

多媒体虚拟演播室

两重含义

多媒体原有两重含义，一是指存储信息的实体，如磁盘、光盘、磁带、半导体存储器等，中文常译作媒质；二是指传递信息的载体，如数字、文字、声音、图形等，中文译作媒介。

多媒体教学

用CD－ROM代替传统历史教科书是多媒体在教育中应用的一个很好的例子。利用多媒体的历史教学光盘，学习不再只限于书本，而是可以看、可以听、可以体验历史事件。

→光盘

多媒体产品

市场上的多媒体产品比较多，硬件产品主要包括以下几类，声卡、语音合成卡、CD－ROM（即只读光盘）、视频卡、视频编码卡、动态图像压缩卡等；而软件产品包括多媒体应用系统制作工具、多媒体信息咨询系统、多媒体数据库等。

小档案

声卡的主要功能是将声音采样存入计算机，或将数字化声音转为模拟信号播放。

◂其实多媒体最看得见的应用，就是数字化的音乐和影像进入了家庭。

互联网

互联网是指将两台计算机或者是两台以上的计算机终端、客户端、服务端通过计算机信息技术的手段互相联系起来的结果，人们可以与远在千里之外的朋友相互发送邮件、共同完成一项工作、共同娱乐。

▲ 互联网让我们的生活更加方便了。

计算机网络

现在使用的互联网利用通信线路，将分布不同地方的计算机网络连接起来。计算机网络的建立，可以使只拥有小型计算机的部门通过网络使用大型计算机的资源，并利用大型计算机来处理小型计算机无法完成的工作。

电子邮件

diàn zǐ yóu jiàn shì jì suàn jī wǎng luò yòng hù zhī
电子邮件是计算机网络用户之
jiān chuán dì xìn xī de yì zhǒng fāng shì yòng hù kě yǐ
间传递信息的一种方式,用户可以
shēn chǔ shì jiè rèn hé dì fang tōng guò hù lián wǎng shōu fā
身处世界任何地方,通过互联网收发
diàn zǐ yóu jiàn yǐ qián diàn zǐ yóu jiàn nèi róng jǐn xiàn yú
电子邮件。以前,电子邮件内容仅限于
wén zì xìn xī xiàn zài rén men kě zài yóu jiàn zhōng fù jiā tú
文字信息,现在,人们可在邮件中附加图
xiàng yīn xiǎng shèn zhì yǐng shì nèi róng děng
像、音响,甚至影视内容等。

电子邮件

互联网的应用

小档案

我们平时上网浏
览的一个个网站,都是
由网页构成的。

jì suàn jī wǎng luò yǐ jīng guǎng fàn yìng yòng yú shēng chǎn guò chéng
计算机网络已经广泛应用于生产过程
zì dòng huà háng yè jīng yíng guǎn lǐ bàn gōng zì dòng huà děng lǐng yù
自动化、行业经营管理、办公自动化等领域,
bìng zài diàn zǐ yóu zhèng zōng hé yè wù shù jù wǎng děng fāng miàn jìn yí
并在电子邮政、综合业务数据网等方面进一
bù fā huī qí zuò yòng gèng duō de yòng hù bǎ hù lián wǎng luò shì wéi
步发挥其作用。更多的用户把互联网络视为
shí yòng de méi jiè ér bú shì guǎng gào yíng xiāo yú lè hé gòu wù
实用的媒介,而不是广告营销、娱乐和购物
de shǒu duàn
的手段。

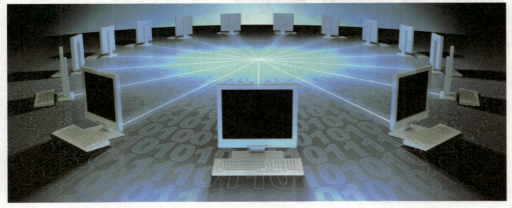

互联网是全球性的,这就意味着我们目前使用的网络是属于全人类的。

宽 带

我们要用电脑上网，就离不开宽带的连接。对家庭用户而言，目前的宽带可以满足人们感官所能感受到的语音、图像等各种媒体大量信息传递的需求。宽带也是一个动态的、发展的概念。

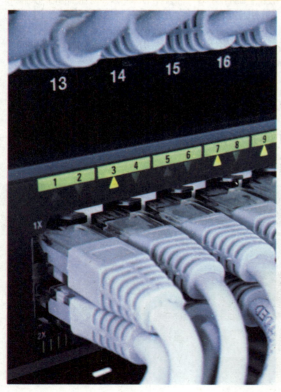

▲ DSL

☎ DSL

DSL技术基于普通电话线的宽带接入技术，它在同一铜线上分别传送数据和语音信号，数据信号并不通过电话交换机设备，减轻了电话交换机的负载。

小档案

截至2010年12月底，我国使用宽带的网民达到4.57亿人。

☎ ADSL

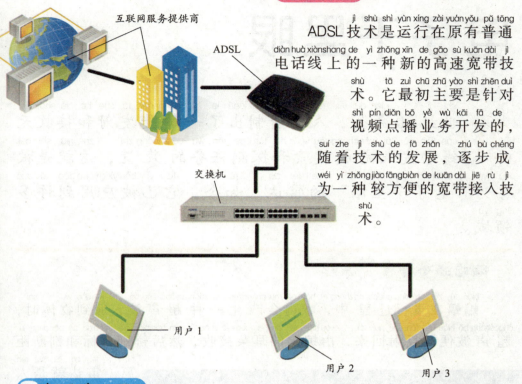

互联网服务提供商

ADSL

交换机

用户1

用户2

用户3

▲ ADSL

ADSL 技术是运行在原有普通电话线上的一种新的高速宽带技术。它最初主要是针对视频点播业务开发的，随着技术的发展，逐步成为一种较方便的宽带接入技术。

☎ 光纤接入网

光纤接入网（OAN）是采用光纤传输技术的接入网，即本地交换局和用户之间全部或部分采用光纤传输的通信系统。光纤具有宽带、远距离传输能力强、保密性好、抗干扰能力强等优点，是未来接入网的主要实现技术。

电子千里眼

20世纪30年代，人们研制出了一种能发射和接收无线电波来完成搜索和探测任务的装置，这就是被誉为"电子千里眼"的雷达。如今，它已被应用到许多领域。

蝙蝠的功劳

蝙蝠在飞行过程中，喉内会产生一种超声波，遇到物体时，超声波便被反射回来，由蝙蝠的耳朵接收，然后辨别目标和判断距离。雷达就是人类根据蝙蝠的这种特性研制出的一种装置。

← 雷达

小档案

1935 年 2 月 26 日，世界上第一台雷达试制成功。

神奇的雷达

雷达不但白天黑夜都能探测远距离的目标，而且不受雾、云和雨的阻挡，可以不间断地进行探测。因此，它被广泛应用于军事和科学研究中。

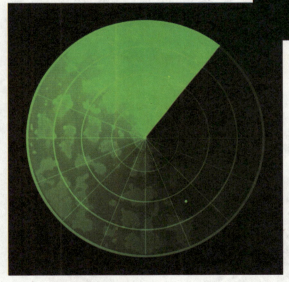

雷达的组成

各种雷达的具体用途和结构都不相同，但在基本形态上是一致的，都包括5个基本组成部分：发射机、发射天线、接收机、接收天线以及显示器。

↑ 雷达的优点具有全天候、全天时的特点，并有一定的穿透能力。

不断进步

20世纪五六十年代，航空与空间技术迅速发展，它们都以雷达作为探测和控制的主要手段。发展到今天，雷达的种类更丰富了，性能也更优越了。

坚固的合金

合金和单质金属不同，单质金属几乎是由一种金属元素组成的，而合金是由两种以上的金属熔制而成的，它们具备了单质金属所不具备的性质，被广泛地应用于各个方面。

合金的优点

不同金属原子之间具有不同的距离，因此性能也不一样，如果一种金属原子结构比较松散，那么它就比较柔软轻盈，当不同金属原子合在一起时，结构紧凑，密度和硬度就会增加。

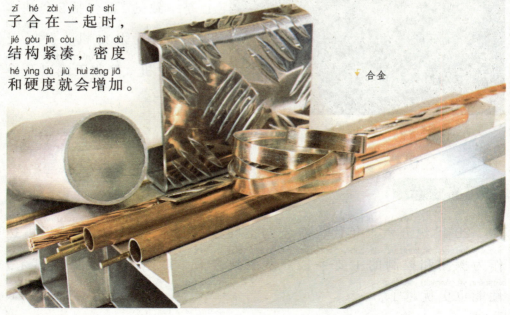

合金

↖ 钛合金广泛应用于飞机制造。

钛合金

金属钛易于加工，密度小，耐腐蚀性强，因此人们把它和其他金属合起来，制成钛合金。这些钛合金性能超出钛金属本身，比如钛与铝钒的合金具有很好的耐热性能，可以在高温下工作很长时间。钛合金已广泛用于各方面，尤其是在航天领域有特殊应用。

铝合金

铝是一种质地轻柔的金属，密度较小，它的合金一般会保持这个特性，但是比纯铝坚硬。常用的铝合金有铝锰合金和铝镁合金，它们耐腐蚀性较强，用于制造容器和管道。在实际生活中，用铝合金制作的门窗也美观大方，受人喜欢。

小档案

钢是我们常用的一种合金，它是由金属铁和非金属元素碳合成的。

↓ 铝锅

集成电路

集成电路就是一个微型的完整电路，在几平方毫米到几平方厘米的面积里集中了成千上万的电子元件。其中所有元件在结构上已组成一个整体，使电子元件向着微小型化、低功耗和高可靠性方面迈进了一大步。

设计电路

在制作一个集成电路之前，首先要把整个电路画成大样，并仔细进行核对。由于集成电路是一层一层制作的，因此每一层的平面图都要单独设计、制图。跟芯片一样大小的掩膜就是根据这些平面图制作的。

◄ 集成电路

☎ 封壳的芯片

diàn lù bǎnshang de　　xīn piàn　　shí jì shang shì bǎ xīn piànzhuāng zài lǐ miànbìng qiě fēng ké le　　xīn
电路板上的"芯片"实际上是把芯片装在里面并且封壳了。芯
piàntōngguò jí xì de jīn sī yǔ jīn shǔ yǐn jiǎo lián jiē　　yǐ dá dào hé diàn lù bǎn lián jiē de mù dì
片通过极细的金丝与金属引脚连接，以达到和电路板连接的目的。

小档案

1958 年 9 月 12 日,美国德州仪器公司工程师杰克·基尔比发明了世界上第一个集成电路。

→ 集成电路的晶体管、二极管

☎ 芯片的连接

yí kuài zhǔ xīn piàn hé shǎoliàngdiàn zǐ yuánjiàn jiù
一块主芯片和少量电子元件就
kě yǐ zǔ chéng yí gè jiǎn dān de diàn zǐ qì jiàn　　dàn
可以组成一个简单的电子器件。但
xiàngdiàn nǎo nà yàng fù zá de shè bèi　　jiù xū yào xǔ
像电脑那样复杂的设备，就需要许
duō kuài xīn piàn ān zhuāng zài tóng yí gè diàn lù bǎnshang lái
多块芯片安装在同一个电路板上来
gōngzuò xīn piàn zhī jiān de lián jiē jiù shì tōngguò yìn
工作。芯片之间的连接就是通过"印
shuā zài diàn lù bǎnshang de tóngxiàn lái shí xiàn de
刷"在电路板上的铜线来实现的。

→ 集成电路板

光通信

古代边防的城楼上都设立烽火台。当敌人来突袭时，若是白天，哨兵则会点燃狼烟，晚上则会放火。为了传递紧要公文，则往往会采用"八百里加急"。今天这些古老的信息传递方式早已被无线电波和光波所代替。

利用光来通电话

以发明电话而著名的贝尔，在1876年发明了电话之后，就想到利用光来通电话的问题。1880年，他利用太阳光作光源，大气为传输媒质，用硒晶体作为光接收器件，成功地进行了光电话的实验，通话距离最远达到了213米。

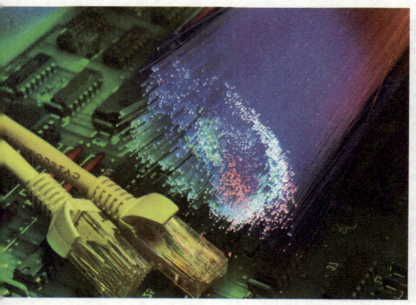

◆ 多模光导纤维做成的光缆可用于通信，它的传导性能良好，传输信息容量大。

红外线通信

利用红外线传输信息的
通信方式，叫红外线通信。
由于红外线能像可见光一样
集中成很窄的一束发射出
去，因此红外线通信有两个
最突出的优点：不易被人发
现和截获，保密性强，另外
抗干扰性很强。

红外线可用于短途通信，准确性非常高。因此，无线
话筒就可以采用红外线通信技术。

宇宙激光通信

小档案

光纤传输系统是
数字通信的理想通道。
数字通信有很多的优
点、灵敏度高、传输质
量好。

宇宙激光通信

由于宇宙空间没有大气或尘埃，激光在那里传输时比在大气
中衰减小得多，因而激光用于宇宙通信既优越又经济，受到各国
的普遍重视，现在已经有大量的科学家投身到这个研究领域。

显示技术

照相机发明后，我们可以留住生活瞬间的景象。但相片是静止图像，不能动态真实地记录现实生活，于是科学家创造了一系列的显像技术和显像仪器，把一张张静止的图像，变为动态的影像。

重要的显像管

显像管是电视的一个重要组成部分，它在电视的成本中约占60%。它的发展历程为球面管、平面直角管、超平管和平面管。它的主要作用是将发送端摄像机摄取转换的电信号在接收端以亮度变化的形式重现在荧光屏上。

▼ 电视

CRT 显示器

CRT 就是阴极射线管，我们平时将 CRT 显示器归为一类，就是因为这一类显示器虽然在功能、款式等方面差异较大，但它们的核心技术是一样的，就是都采用阴极射线管。

▲ 液晶电视

液晶显示器

液晶显示器的主要原理是以电流刺激液晶分子产生点、线、面配合背部灯管构成画面。而大屏幕液晶显示器作为未来显示器的发展趋势，由于其产品设计天生而来的优势，使其较传统显示器具有更好的发展空间。

提供信号的显卡

谈到计算机中的显示器，就不能不提到显示卡。显示器必须依靠显卡提供的显示信号才能显示出各种字符和图像。

小档案

显像管中电子枪信号的强弱透过荧屏遮罩的引导，使电子光束可以正确地射到荧屏上的荧光体上。

▲ 显卡示意图

垃圾处理技术

20 世纪中期以来，世界各国工业迅猛发展，人类生活水平不断提高，造成地球上的垃圾越来越多，已成为危及人类生存环境的一大公害。如何有效地处理这些垃圾，也逐渐成为各国科学家们研究的一个新课题。

填埋法

根据工艺的不同，垃圾填埋法又分为传统填埋和卫生填埋两类。传统填埋这种方法是利用坑、塘、洼地将垃圾集中堆置在一起，不加掩盖，未经科学处理的填埋方法。卫生填埋法是采用工程技术措施，防止产生污染及危害环境土地的处理方法。

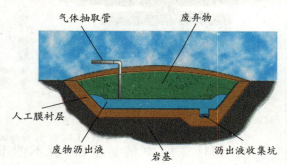

▲ 填埋垃圾示意图

堆肥法

堆肥法是将垃圾运送到郊外堆肥厂，按照堆肥工艺流程处理后制作成肥料，这种方法成本低、产量大。但是由于经济实用的化肥大量普及，垃圾肥料的市场越来越小。

热解法

zài gé jué kōng qì de tiáo jiàn xià　　lā jī zài rè jiě zhuāng zhì zhōng shòu rè ér shǐ yǒu jī wù zhì fēn
在隔绝空气的条件下，垃圾在热解装置中受热而使有机物质分

jiě　 cóng ér zhuǎn huà chéng rán qì　 rán qì jìn rù yú rè guō lú huàn rè
解，从而转化成燃气。燃气进入余热锅炉换热

hòu　 tōng guò rè zhēng qì jìn rù qì lún fā diàn jī fā diàn
后，通过热蒸气进入汽轮发电机发电。

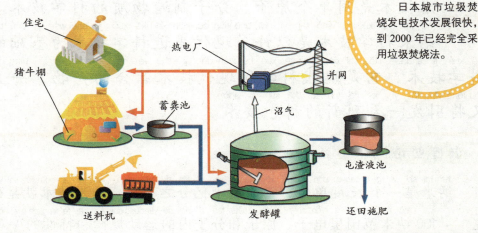

住宅　猪牛棚　送料机　蓄粪池　热电厂　并网　沼气　发酵罐　屯渣液池　还田施肥

▶　电　▶　热　▶　物料

▲ 把收集起来的垃圾进行发酵可以产生沼气，利用沼气在热电厂既能产生电能又能为住户提供热能。

垃圾发电

zuì xiān lì yòng lā jī fā diàn de shì dé guó hé
最先利用垃圾发电的是德国和

měi guó　　　　nián　　dé guó jiù jiàn yǒu lā jī fén
美国。1965 年，德国就建有垃圾焚

shāo lú　tái　lā jī fā diàn shòu yì rén kǒu wéi
烧炉 7 台，垃圾发电受益人口为 245

wàn　ér měi guó zì 20　shì jì　 nián dài qǐ tóu
万；而美国自 20 世纪 80 年代起投

zī　 yì měi yuán　xīng jiàn　　zuò lā jī fén shāo
资 70 亿美元，兴建 90 座垃圾焚烧

chǎng　nián chǔ lǐ lā jī zǒng néng lì dá dào
厂，年处理垃圾总能力达到 3 000

wàn dūn
万吨。

▲ 垃圾发电不仅解决了垃圾的环保问题，而且可以变废为宝，具有极大的潜在效益。

纳米技术

纳米技术是用单个原子、分子制造物质的科学技术。纳米科学技术是以许多现代先进科学技术为基础的科学技术，它是现代科学和现代技术结合的产物，并且又将引发一系列新的科学技术。

长度单位纳米

纳米是一个长度单位，它只有十亿分之一米。纳米技术就是研究 1～100 纳米范围里电子、原子和分子内的运动规律和特性的一项崭新技术。

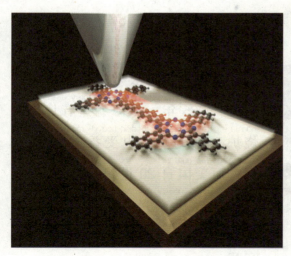
▲ 用纳米技术制造的单分子逻辑开关

广泛的应用范围

纳米技术应用范围很广泛，它可以应用在陶瓷上，使陶瓷具有像金属一样的柔韧性和可加工性；在微电子领域，有碳纳米管。将纳米技术应用到雷达上以后，就会提高 10～100 倍的雷达探测能力。

易爆的纳米金属

jǐ gè nà mǐ de jīn shǔ tóng kē lì huò jīn shǔ lǚ kē lì
几个纳米的金属铜颗粒或金属铝颗粒，
yí yù dào kōng qì jiù huì chǎn shēng jī liè de rán shāo fā shēng
一遇到空气就会产生激烈的燃烧，发生
bào zhà lì yòng nà mǐ jīn shǔ de yì rán yì bào kě yǐ zuò chéng
爆炸。利用纳米金属的易燃易爆可以做成
liè xìng zhà yào huò zhě zhì zuò huǒ jiàn de gù tǐ rán liào chǎn shēng
烈性炸药，或者制作火箭的固体燃料产生
gèng dà de tuī lì
更大的推力。

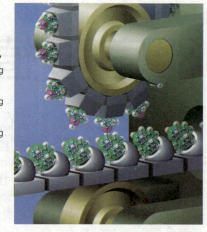

科学家想象的纳米分子制造机器，它可以将磁
性颗粒很轻松地嵌入药物中。这些含有磁性纳米物
质的药物将成为更有效、副作用更小的新型药物。

计算机模拟的纳米世界

小档案

近年来，一些国家
纷纷制定相关战略或
者计划，投入巨资抢占
纳米技术战略高地。

特殊的纳米材料

nà mǐ suī rán shì gè cháng dù dān wèi   dàn nà mǐ dài lái de què shì jì shù shang de gé mìng dāng
纳米虽然是个长度单位，但纳米带来的却是技术上的革命。当
wù zhì dá dào   nà mǐ zhè ge fàn wéi   wù zhì xìng zhì jiù huì fā shēng tū biàn   chū xiàn tè shū
物质达到1～100纳米这个范围，物质性质就会发生突变，出现特殊
xìng néng   zhè zhǒng jì jù yǒu bù tóng yú yuán lái zǔ chéng de yuán zǐ   fēn zǐ   yě bù tóng yú hóng guān wù
性能。这种既具有不同于原来组成的原子、分子，也不同于宏观物
zhì de tè shū xìng néng gòu chéng de cái liào   jí chēng wéi nà mǐ cái liào
质的特殊性能构成的材料，即称为纳米材料。

器官移植

在 医学领域里，器官移植科学几年来的成就令世人瞩目。随着器官移植技术的不断提高和对抗器官移植免疫排斥反应的高效免疫抑制剂的诞生，器官移植的成功率已经大大增加。

角膜移植

眼科医生为了使因角膜疾病而失明的患者重见光明，很早就想到了角膜移植。而在各种移植手术当中，角膜移植术的成功率名列前茅。手术显微镜的诞生也极大地推动了角膜移植技术的发展。

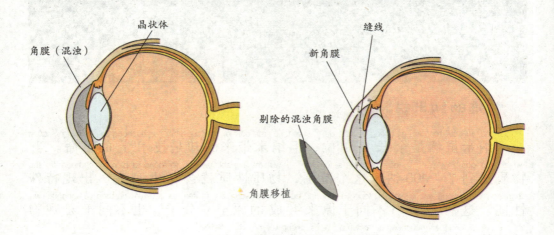

角膜（混浊）　晶状体　缝线　新角膜　剔除的混浊角膜　角膜移植

心脏移植

rén lèi xīn zàng yí zhí suī rán kāi shǐ yú
人类心脏移植虽然开始于1967
nián dàn jǐn zài   shì jì   nián dài chū cái bèi
年,但仅在20世纪80年代初才被
jiē shòu wéi zhōng mò qī xīn zàngbìng de zhì liáo fāng
接受为终末期心脏病的治疗方
fǎ   miǎn yì yì zhì jì zhì liáo hé yí zhí wù chǔ
法。免疫抑制剂治疗和移植物处
zhì de jìn zhǎn cái shǐ xīn zāng yí zhí chéng wéi kě
置的进展才使心脏移植成为可
néng   bìng dǎo zhì le xīn fèi yí zhí de chéngōng
能,并导致了心肺移植的成功
hé bú duàn fā zhǎn
和不断发展。

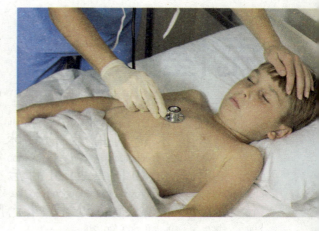

▲ 心脏移植是治疗终末期心脏病最有效的方法之一。

肾移植

shènzàng shì rén lèi zuì xiān qǔ dé yí zhí chénggōng de dà xíng qì guān   nián   sū lián yī shēng
肾脏是人类最先取得移植成功的大型器官。1936年,苏联医生
wò luó nuò yī jìn xíng le zuì zǎo de tóngzhǒngshèn yí zhí
沃罗诺伊进行了最早的同种肾移植。

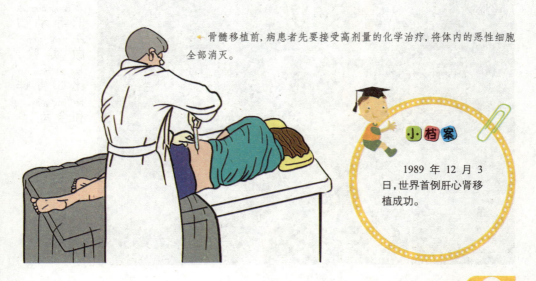

▲ 骨髓移植前,病患者先要接受高剂量的化学治疗,将体内的恶性细胞
全部消灭。

小档案

1989 年 12 月 3
日,世界首例肝心肾移
植成功。

克隆技术

克隆技术是利用生物技术由无性生殖产生与原个体有完全相同基因组的后代的过程。科学家把人工遗传操作动物繁殖的过程叫克隆,这门生物技术叫克隆技术,含义是无性繁殖。

无性繁殖方式

克隆是一个古老的词语,原意是指植物的枝条繁殖。早在20世纪50年代的时候,科学家们就尝试克隆动物,并获得了成功,不过当时是用低等动物做实验,比如青蛙和金鱼。

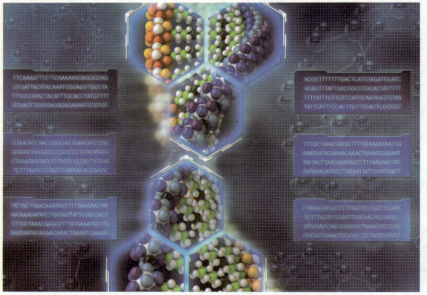

← 克隆

克隆羊多利

20世纪90年代，英国科学家把克隆技术使用在哺乳动物羊身上，并取得成功。他们先从一头山羊A身上提取体细胞，然后把遗传物质注射进去掉细胞核物质的山羊卵细胞里，这个卵细胞最后发育成一头新个体"多利"，多利的遗传物质和山羊A完全相同。

↑ 克隆技术使体外克隆人体器官成为可能。

经历的三个时期

克隆技术经历了三个时期：第一时期是微生物克隆，即用一个细菌复制出很多细菌；第二时期是生物技术克隆，如用遗传基因克隆；第三时期是动物克隆，由一个细胞克隆成一个动物。

→ 有朝一日，换人体器官可能就像给机器换零件一样容易。

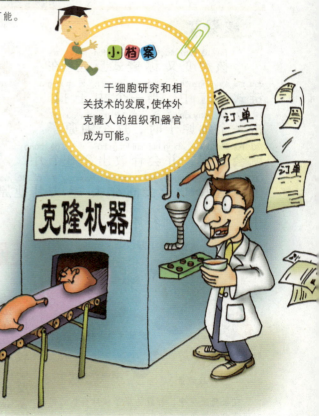

小档案

干细胞研究和相关技术的发展，使体外克隆人的组织和器官成为可能。

克隆机器

核技术

20世纪以前，科学家们认为元素是永恒不变的，但是随着放射性元素的发现，科学家们的观念改变了，并且能够利用原子核理论人为地改变元素，改变了人类历史的发展方向。

核裂变

核裂变又称链式反应。在链式反应中，当一个中子撞击一个铀原子时，这个铀原子就会分裂，并会释放出2~3个中子。这些中子会同样去撞击其他原子，并依序进行下去。

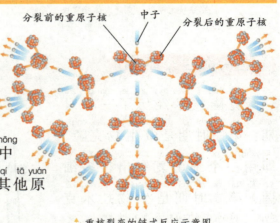

分裂前的重原子核　中子　分裂后的重原子核

▲ 重核裂变的链式反应示意图

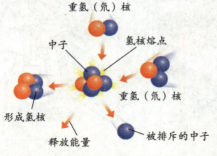

重氢（氘）核

中子

氢核熔点

重氢（氚）核

形成氢核

释放能量

被排斥的中子

▲ 在聚变反应中，较轻的原子核结合在一起，形成较重的原子核，同时释放巨大的能量。

核聚变

核聚变是两个或两个以上的原子核在超高温等特定条件下聚合成一个较重的原子核时释放出巨大能量的反应。因为这种反应必须在极高的温度下才能进行，因此又叫热核反应。

核燃料

zài hé néng lì yòngzhōng bǎ néng fā shēng liè biàn hé jù biàn fǎn
在核能利用中，把能发生裂变和聚变反
yìng de cái liàochēngzuò hé rán liào yóu yú hé fǎn yìng fēn wéi hé liè
应的材料称作核燃料。由于核反应分为核裂
biàn hé hé jù biàn suǒ yǐ hé rán liào yòu fēn wéi liè biàn hé rán liào
变和核聚变，所以核燃料又分为裂变核燃料
hé jù biàn hé rán liào
和聚变核燃料。

小档案

19世纪末期，法国
科学家贝克勒尔发现
含铀矿物可以发射出
某种射线。

粒子加速器

jiā sù qì shì yì zhǒngnéng gěi dài diàn lì zǐ jiā sù de zhuāng zhì tā shì yán jiū yuán zǐ hé hé jī
加速器是一种能给带电粒子加速的装置。它是研究原子核和基
běn lì zǐ de zhòngyào shè bèi lì zǐ jiā sù qì shì lì zǐ huí xuán jiā sù qì hé tóng bù jiā sù qì de
本粒子的重要设备。粒子加速器是粒子回旋加速器和同步加速器的
tōngchēng kē xué jiā yòng tā men lái yán jiū dài diàn hè de lì zǐ
统称，科学家用它们来研究带电荷的粒子。

核武器

hé wǔ qì shì néng zài yí shùnjiān shì fàng
核武器是能在一瞬间释放
jù dà néngliàng chǎnshēngbào zhà zuò yòngbìng
巨大能量，产生爆炸作用并
jù yǒu dà guī mó shāshāngxìng de wǔ qì wèi
具有大规模杀伤性的武器。未
lái fā zhǎn de hé wǔ qì jiāng shì dì sì dài hé
来发展的核武器将是第四代核
wǔ qì zhè shì yì zhǒng bú yòngchuántǒng de
武器，这是一种不用传统的
hé bào zhà jiù néng shì fàng dà liàng hé néng de hé
核爆炸就能释放大量核能的核
wǔ qì tā yě bú xiàng fā zhǎnqián sān dài hé
武器。它也不像发展前三代核
wǔ qì nà yàng xū yào jìn xíng dà liàng shì yàn
武器那样需要进行大量试验，
qí jī chǔ shì mínyòng hé kē xué yán jiū
其基础是民用核科学研究。

→氢弹是第二代核武器，它由原子弹引爆氢
弹，原子弹放出来的高能中子与氘化锂反应生
成氚，氘和氚聚合产生能量。

机器人

机器人是靠自身动力和控制能力来自动执行工作的机器装置。它既可以接受人类指挥，又可以运行预先编排的程序，也可以根据以人工智能技术制定的原则纲领行动。

机器人

古老的机器人

1773年，瑞士钟表匠道罗斯父子制作了自动书写玩偶和自动演奏玩偶，它们是利用齿轮和发条原理制作成的，有的能拿画笔和颜色自己绘画，有的能用鹅毛蘸墨水写字。

机械手臂

在一些 装配工作间里，你会看见
做工精细的机械手在电脑的操控下精确
地完成各种电器的制造，它们就是 装
配机器人。这些机械手臂被制作得像
人类手臂一样，能够抓握工具和零件。
而且有些机械手臂有多达6个关节，可
以完成 相当精细的操作，并且准确快捷远远胜过人类。

▲ 机械手臂

礼仪机器人

礼仪机器人能够仿照人的样子行走，用手工作，被设计了和人
类相仿的五官和体型。现在的礼仪机器人甚至可以和人对话，做出喜
怒哀乐的表情。科学家甚至希望能制造
出可以播报新闻的主持机器人。

小档案

战争留下的地雷
等爆炸武器，人工排除
危险很大，因此，排爆
机器人就成为了人们
首选的无畏勇士。

↖ 更多的机器人被用于深海探险、地下勘探和救援行动中。

人工智能

人工智能是电脑科学的一个重要分支。机器可以自动运转生产，没有飞行员的飞机可以安全地起飞降落，一些机器人可以和人类对话。人工智能不可能取代人的智能，但它的发展必定会带来一场全新的革命。

人工智能诞生

"人工智能"这个术语在1956年被正式提出，在美国达特莫斯大学的麦卡锡与哈佛大学的明斯基等人共同发起了第一次人工智能研讨会，他们从不同学科的角度，探讨了人类智能活动的特征，以及用机器进行模拟的可行性。

➡科学家设想的未来电脑有精确的人机交互技术。

语言的理解

语言是人类进行信息交流的主要媒介，但由于它的多义性，目前人类与计算机系统之间的交流还要依靠那种受到严格限制的非自然语言系统。现在的人工智能研究一般是在文字识别和语音识别系统的配合下进行书面语言和有声语音的识别与理解。

▲ 语音识别

模式的识别

模式识别就是使计算机能够对给定的事物进行鉴别，并把它归入与其相同或相似的模式中。其中，被鉴别的事物可以是物理的、化学的、生理的，也可以是文字、图像、声音等。

小档案

1997年，智能机器人"深蓝"战胜了国际象棋冠军卡斯帕罗夫，将人工智能领域带入了一个全新的境界。

▲ 指纹识别

新导航技术

自从人类将卫星送上天空以后，就预示着导航将进入一个崭新的时代。GPS导航系统是20世纪70年代由美国陆海空三军联合研制的新一代空间卫星导航定位系统，如今已成为世界范围内的一种重要资源。

全球定位系统

GPS就是全球定位系统的英文缩写，是运用现代先进技术开发的尖端导航系统，它运用至少3颗人造卫星，在极短的时间里确定地球上某个目标精确的地理位置。

▼ 车载GPS导航系统

第二代 GPS 系统

这个系统最初是由美国陆海空三军于20世纪70年代联合研制的，后来，此系统历经20余年的研究实验，耗资300亿美元，直到1994年3月，全球覆盖率高达98%的24颗GPS卫星星座才正式布设完成。

▲ 卫星控制中心

定位原理

GPS 的定位原理是：用户接收卫星发射的信号，从中获取卫星与用户之间的距离、时钟校正和大气校正等参数，通过数据处理确定用户的位置。而在用户的GPS接收装置上会出现地图和所在位置的指示。

小档案

在金融网点、运钞车等要害部门使用GPS可以有效地遏制犯罪，让警方破案率得到提高。

应用于各个领域

现在GPS系统的应用已不再局限于军事领域了，而是发展到汽车导航、大气观测、地理勘测、海洋救援、载人航天器防护探测等各个领域。

▲ GPS 汽车导航

少 年 儿 童 成 长 百 科

科学万象